AF603400

FABLIAUX CHOISIS; MIS EN VERS,

Et suivis de l'Histoire de ROSEMONDE.

Par M. . . . .

AUCASSIN ET NICOLETTE.	AUBERÉE.
GAUVAIN, *ou* LES LÉVRIERS.	LA CHATELAINE DE VERGY.
LE CHEVALIER A LA TRAPE.	ROSEMONDE, Histoire.

A AMSTERDAM;

Et se trouve A PARIS,

Chez BELIN, Libraire, rue Saint Jacques, près Saint Yves.

M. DCC. LXXXV.

ÉPITRE DÉDICATOIRE,

A M. LE... DE...

Lieutenant Général des Armées du Roi, Commandeur de l'Ordre Royal & Militaire de Saint-Louis, Gouverneur du... &c. &c. &c.

MON TRÈS-CHER ONCLE,

SI la Poésie célebre les grands Capitaines, elle peut quelquefois les amuser. J'aurois préféré le plaisir de chanter les exploits du Roi de Prusse, à celui de lui présenter les merveilles des Dieux, dans mes Métamorphoses en Vers françois, dont il veut bien agréer la Dédicace. N'ayant point osé entreprendre de célébrer ce grand Monarque, j'ai aspiré au plaisir de le délasser quelques instans de ses illustres travaux. Il me seroit bien doux de contribuer de même à vos délassemens bien mérités, après vos brillans services, que votre modestie & la mienne m'empêchent de publier. Recevez avec bonté l'hommage d'un Opuscule qui vous présentera une partie de ce que notre ancienne Littérature renferme de plus aimable, & que je rendrois dans la suite plus étendu en continuant mes recherches & mes travaux, si ceux-ci avoient le bonheur de vous plaire.

Je suis avec respect,

MON TRÈS-CHER ONCLE,

Votre très-humble & très-obéissant Serviteur

. . . . . .

PRÉFACE.

M. Le Grand d'Aussy a renouvellé des ſiecles paſſés un grand nombre de Fabliaux. J'ai extrait de ſon Recueil les plus intéreſſans & les plus beaux, pour les rendre en Vers, me conformant le plus qu'il m'a été poſſible au genre de cette ſorte d'ouvrages, au goût des ſiecles qui les ont produits, au texte que M. Le Grand d'Aussy nous préſente, & qu'il a ſi bien rendu.

On trouvera celui de l'hiſtoire véritable de ROSEMONDE, dans l'ouvrage de Paul Diacre, intitulé: *De Geſtis Regum Francorum & Longobardorum.*

AUCASSIN
ET
NICOLETTE.

Qui veut ouïr un Fabliau,
Autant honnête qu'il est beau?
Il apprendra l'historiette
D'Aucassin & de Nicolette.
Le plus dévot n'en peut rougir;
Le plus triste aura du plaisir,
De celui que goûte un cœur tendre.
Apprêtez-vous donc à m'entendre;
Vous apprendrez & les tourmens,
Et le bonheur de ces Amans.

Bongars fut Comte de Valence:
On connoît cette ville en France;
Et ce Bongars, depuis dix ans,

Avec douze cents combattans,
Faisoit une cruelle guerre
A Garins, Comte de Beaucaire.
Tous les jours du sire Bongars,
Les soldats, en ces lieux épars,
De Garins ravageoient les plaines;
Ils empoisonnoient ses fontaines,
Tuoient ses gens & ses chevaux,
Pilloient les biens de ses vassaux.
On sait ce qu'est une contrée
A la soldatesque livrée;
Je ne le sais que par autrui.
Mais Garins, renfermé chez lui,
Et retardé par son grand âge,
Voyoit tous les jours ce pillage,
Sans pouvoir sortir de son fort.
Son fils, Aucassin, jeune & fort,
Auroit pu faire résistance
Au méchant Comte de Valence;
Mais l'amour l'avoit entêté.
Il aimoit tant une beauté,

Qu'il fuyoit les tournois, les armes,
Et ne penſoit plus qu'à ſes charmes.
Son pere lui diſoit toujours :
Beau fils, ſois donc notre ſecours;
Avec nos gens, hors de la ville,
Va-t-en faire une attaque utile;
Nos ſoldats combattront bien mieux,
Quand ils combattront ſous tes yeux.
Sa mere auſſi tançoit le ſire;
Mais il ne pouvoit rien leur dire
Que ce que tant il avoit dit :
Ah! que je ſois de Dieu maudit,
Si l'on me voit ceindre l'épée,
Monter cheval ou haquenée,
Aller en combat, en tournois,
Avant, comme l'ai dit cent fois,
Que vous me donniez Nicolette,
Si gentille, ſi joliette;
Nicolette, que j'aime tant.
Mon fils, diſoit au même inſtant,
Et dans la douleur, ſon vieux pere,

Je ne ſaurois te ſatisfaire;
Cette fille n'eſt pas pour toi.
Son pere n'eſt Comte, ni Roi:
C'eſt une fille infortunée,
Par les Sarraſins amenée,
Et vendue, à deniers comptans,
Au Vicomte, un de nos tenans,
Qui voulut bien être lui-même
Son parrain aux fonts de baptême,
Et qui doit la donner un jour
A quelque Berger de l'entour.
Pour toi, regarde dans la France,
Eſt-il Châtelain d'importance
Qui ne donne, & de bien bon cœur,
Sa fille à ſi puiſſant Seigneur?
Aucaſſin lui diſoit: Mon pere,
Eſt-il royaume ſur la terre,
Eſt-il marquiſat ou comté,
Qui ne convienne, en vérité,
A ma Nicolette, à ma mie?

Son pere à tout instant le prie ;
Sa mere le conjure aussi ;
Mais Aucassin est endurci.
Endurci ! non, il n'est que tendre ;
Et pourquoi vouloir lui défendre
De suivre un invincible goût ?
Qu'y gagnera-t-on ? Rien du tout.
Il vaudroit mieux les laisser faire ;
Aucassin eût sauvé Beaucaire ;
Son pere ne seroit pas mort.
Il est vrai que de port en port,
La belle, retournée en France,
N'eût pas déclaré sa naissance.
Mais Aucassin pouvoit périr,
Et plus d'enfans pour soutenir
Le nom des Comtes de Beaucaire.
Eh ! de par Dieu laissez-les faire.
Si ne fera le mal-adroit.
Un beau matin il va tout droit
Chez son féal le bon Vicomte.
Il lui dit : N'avez-vous pas honte

De garder dans votre logis
L'indigne amante de mon fils ?
Renvoyez-la, je vous en prie,
Ou je ne vous vois de ma vie.
Le tenant, qui craint ſon courroux,
Lui répond : Seigneur, entre nous,
Je ne veux aucune querelle :
Vous ne verrez plus cette belle ;
Elle ira chez les Sarraſins
Terminer ſes triſtes deſtins ;
Pour vous ſervir, je m'en conſole,
Raſſurez-vous ſur ma parole.
Mais le Vicomte, en ce moment,
Trompoit Garins impudemment ;
Car il avoit l'ame trop bonne,
Et trop aimoit cette perſonne,
Pour employer tant de rigueur.
Or il avoit, le bon Seigneur,
Tout au haut de ſa citadelle,
Un vieux donjon, une tourelle
Qu'éclairoit ſeulement un jour.

Le Vicomte, dans cette tour,
D'Aucassin enferma l'amante.
Que je la vois intéressante,
La belle enfant, dans ce donjon!
C'est Danaé dans sa prison;
C'est Philomele, que Térée
Dans une tour a retirée.
C'est Gabrielle de Vergi,
Qu'aimoit le sire de Couci,
Et que Fayel, jaloux sauvage,
A mise ainsi dans une cage.
Cependant, en ce galetas,
Nicolette ne manquoit pas
Des nécessités de la vie;
Elle étoit, en tout, bien servie.
Mais le Vicomte, en l'enfermant,
Mit, dans le même logement,
Une vieille sempiternelle,
Qui devoit rester auprès d'elle,
Et toujours l'avoir sous les yeux.
Recluse dans ces tristes lieux,

Comme une Nonnette en ſon cloître,
Elle ſe mit à la fenêtre
Qui regardoit ſur le jardin,
Où fleuriſſoit le blanc jaſmin,
Le muguet & la violette;
Et, dans ſa douleur, Nicolette
Se prit à crier : Doux ami !
C'eſt pour m'aimer, parce qu'auſſi
Etes aimé de votre mie,
Qu'on la renferme pour la vie;
Mais en vain on l'enfermera,
Toujours elle vous aimera.

QUAND on ne vit plus dans Beaucaire
Cette beauté que le vulgaire,
Que les Chevaliers connoiſſoient,
Que ſes malheurs intéreſſoient,
Les uns diſoient : Elle eſt partie;
D'autres la croyoient engloutie
Au fond du Rhône, par Garins.
Tous en ignoroient les deſtins.

Aucassin va voir le Vicomte,
Lui demande un fidele compte
De sa douce mie, en tout point.
Il lui dit : Je ne vous ments point.
Si je n'ai pas ma douce mie,
C'est fait, Vicomte, de ma vie ;
Vous en répondrez devant Dieu ;
Car vous savez bien en quel lieu
Vous retenez toute ma joie :
Cher Vicomte, que je la voie.

En homme prude, le tenant
Vouloit guérir ce pauvre amant.
Il lui parla de Nicolette
Comme d'une simple fillette
Indigne d'un si haut destin.
Vous, lui dit-il, noble Aucassin,
Fait pour avoir en mariage
Une fille de haut lignage,
Voulez unir à votre sort
Une fillette que d'abord

Vous rougirez d'avoir pu faire
La Souveraine de Beaucaire !
Le Vicomte auroit poursuivi ;
Mais Aucassin, trop asservi
A l'amour de sa douce mie,
Déja parloit avec furie.
L'autre se voit donc obligé
De dire à l'amant affligé,
L'ordre qu'il reçut de son pere.
Ainsi, damoiseau de Beaucaire,
Oubliez de vaines amours,
Dit-il encore, & que toujours
On ignore la confidence
Que m'arrache votre constance :
Vous péririez, sire, avec nous ;
Au nom de Dieu, contenez-vous !

AUCASSIN, quittant le Vicomte,
Dans l'amertume au château monte,
Va dans sa chambre ; & cet amant,
Sans soutien, sans soulagement,

A toute ſa douleur ſe livre.
Sans toi je ne ſaurois plus vivre,
S'écrioit-il, tout tranſporté,
Nicolette, rare beauté !
Lorſque tu ris, ſi joliette ;
Lorſque tu parles, ſi doucette ;
Si belle à prendre dans mes bras,
C'eſt pour toi que je meurs, hélas !
Il demeure dans la triſteſſe,
Et ceux que ſon ſort intéreſſe
Ne peuvent jamais l'adoucir ;
Aucaſſin enfin veut mourir.

Bongars, pour terminer la guerre
Contre le château de Beaucaire,
S'étoit approché des remparts ;
Et pour réſiſter à Bongars,
Les habitans de cette ville,
Ce qu'il étoit dans cet aſyle,
Et de ſoldats, & d'écuyers,
En foule joints aux chevaliers,

S'étoient rendus ſur les murailles.
Contre Bongars, par repréſailles,
Des meurtrieres, des crénaux,
Ils lançoient fleches, javelots,
Rendoient inſulte pour inſulte;
Mais tout ſe faiſoit en tumulte,
Et, faute d'un bon Général,
La défenſe alloit au plus mal.

On peut interrompre mon Conte,
Et dire que ce bon Vicomte,
A la place du damoiſeau,
Pouvoit commander au château.
Mais ſi, déloyal feudataire,
Il ſe rend maître de Beaucaire,
Contre Garins, ſon haut Seigneur,
Qu'il n'aime pas trop dans ſon cœur,
Que deviendra ce couple aimable,
Qu'à préſent la douleur accable,
Et qu'il faut conduire à bon port?
Revenons donc à notre fort.

En

En entendant le bruit des armes,
Chez son fils Garins entre en larmes;
Il lui tient ce mâle discours:
Prête-nous enfin ton secours;
Monte à cheval, poltron infâme!
Si la valeur n'est dans ton ame,
Ta présence au moins soutiendra
Nos vassaux, & les contiendra.
Si l'on prend le fort de Beaucaire,
Que te reste-t-il, pauvre here?
Viens donc défendre ton château.
Mon pere, dit le damoiseau,
Que le Rhône monte à sa source,
Si je deviens votre ressource,
A moins que me donniez avant
Nicolette que j'aime tant.
Ah! beau fils, lui répond son pere,
J'aimerois mieux perdre Beaucaire.
Disant ces mots, Garins sortit;
Mais Aucassin le poursuivit;
Lui dit: Au moins faites-moi, sire,

Une faveur que je desire.
Je vais marcher contre Bongars.
Si je le traîne en nos remparts,
Encore une fois dans ma vie
Que j'embrasse ma douce mie.
Garins consent, donne sa foi.
Aucassin, sur son palefroi,
La lance au poing, le pot en tête,
A combattre aussi-tôt s'apprête;
Aussi-tôt sort de la cité.
D'espoir, de plaisir transporté,
Il ne pense plus qu'à sa belle,
Au moment qu'il sera près d'elle.
Son cheval galoppe toujours.
Bientôt, dans son rapide cours,
Il trouve l'armée ennemie.
En le voyant, chacun s'écrie:
C'est le damoisel Aucassin!
Il n'entendoit point; mais enfin
Quelques Gendarmes de Valence
Lui prenant son écu, sa lance,

Le font ſortir de ſon ſommeil.
Au moment d'un heureux réveil,
Le fier Aucaſſin prend ſon glaive,
A droite, à gauche, coupe, enleve
Oreilles, têtes, jambes, bras.
Dix Chevaliers étoient à bas.
Il s'avançoit devers la ville,
Quand Bongars, dans ſa courſe agile,
Ayant entendu de hauts cris,
Et croyant Aucaſſin ſurpris,
Venoit pour s'en rendre le maître.
Aucaſſin reconnoît le traître;
Il leve le bras, frappe dru,
Et Bongars, à terre étendu,
Se laiſſe prendre par le ſire
Qui s'empreſſe de le conduire
A ſon pere, dans la cité.
A cet aſpect, tout tranſporté,
Garins ſe perd dans ſes careſſes.
Mon pere, tenez vos promeſſes,
Lui dit alors le tendre amant.

Quelles promeſſes, mon enfant ?
Lui fait le Comte de Beaucaire.
Eh quoi ! dit Aucaſſin, mon pere,
Ne m'avez-vous donc rien promis ?
Vous avez dit à votre fils,
Que, vainqueur, il reverroit celle
A qui ſon cœur ſera fidele,
Et juſques au dernier inſtant,
Nicolette qu'il aime tant.
Le Comte dit : Que tout à l'heure
En ta préſence ici je meure,
S'il me ſouvient de ce diſcours.
J'approuve ſi peu tes amours,
Que ſi j'avois ta Nicolette,
Je te le dis, & le répete,
Et te le jure ſur mon Dieu,
Je la ferois jetter au feu.
Eſt-ce là votre dernier dire ?
Lui répondit le jeune ſire.
Oui, dit le Comte ; & moi vous dis,
Lui fit à ſon tour le beau fils,

Que je ſuis affligé, mon pere,
De voir un homme octogénaire
Mentir autant effrontément.
Et vers Bongars ſe retournant,
Il lui dit : Comte de Valence,
N'êtes-vous pas en ma puiſſance ?
N'êtes-vous pas mon priſonnier ?
Sire, je ne puis le nier,
Lui dit Bongars, avec grand'honte.
Donnez-moi votre main, cher Comte,
Dit Aucaſſin au Dauphinois ;
Promettez que toutes les fois
Que vous pourrez nuire à mon pere,
Et vous montrer ſon adverſaire,
Vous lui ferez autant de mal
Qu'en mérite un vrai déloyal.
Sire, dit celui de Valence,
Je vous dois toute obéiſſance ;
Pour rançon j'offrirai chevaux,
Or, argent, levriers, oiſeaux,
Et garniture de fourrure ;

Mais, damoiſeau, je vous conjure
De ne pas vous rire de moi.
Point de réplique; ſur ma foi
Faites ce que je vous ordonne,
Ou, que le ciel me le pardonne,
Je vous fends en deux le cerveau!

BONGARS, tremblant, au damoiſeau
Fait le ſerment qu'il lui demande.
Bientôt Aucaſſin lui commande
De ſe retirer dans ſon camp.
Il obéit au même inſtant.
Du damoiſeau trop téméraire,
Le cruel Comte de Beaucaire
Voulant ſe venger à ſon tour,
L'enferme aux priſons de la tour.
Dans la ſienne, & gardée à vue,
Nicolette étoit retenue.
Eveillée une belle nuit,
En voyant la lune qui luit,
Oyant le roſſignol qui chante,

[Car c'étoit la ſaiſon charmante
Où les nuits ſont preſque des jours,]
Il lui ſouvient de ſes amours;
D'Aucaſſin, dont elle eſt la mie;
De Garins, qui voudroit ſa vie.
Sa gardienne a fermé l'œil.
La belle enfant prend un linceuil,
L'attache à l'autre, & Nicolette
Sur ſon épaule auſſi-tôt jette
Son manteau de ſoie, & liant
Un de ces draps contre un montant
De la fenêtre qu'elle entr'ouvre,
Nicolette delà découvre
Qu'elle peut gliſſer juſqu'au bas.
Elle ſaiſit un des deux draps,
Et joint le jardin du Vicomte.
Nicolette, toujours plus prompte,
Parcourt à grands pas le jardin.
Les marguerites, le jaſmin,
Près des pieds nus de cette belle,
Perdoient leur blancheur naturelle.

Elle ouvre la porte, ſans bruit,
Traverſe la ville, & s'enfuit;
Mais, ſans ſavoir où tend ſa fuite,
Droit juſtement à la guérite,
A la tour où ſon bien-aimé
Par ſon pere fut renfermé.

Le tems, de la tourelle antique,
Avoit fait entr'ouvrir la brique:
On y remarquoit plus d'un jour.
Nicolette, près de la tour,
Par une aſſez large ouverture,
Entend ſortir quelque murmure.
Elle écoute, & connoît enfin
La voix plaintive d'Aucaſſin,
Qui ne gémiſſoit que pour elle.
Elle écoute encore, & la belle,
A la fin, ſe mit à crier:
Aucaſſin, gentil Bachelier,
Pourquoi ces pleurs? Votre famille
Ne veut point d'une pauvre fille;

Puiſqu'on ne veut pas nous unir,
Je vais enfin m'enſevelir
Dans une retraite étrangere ;
Et la mer ne tardera guere
A m'enlever à ces beaux lieux.
D'une boucle de ſes cheveux,
Que ſa main coupe, cette belle
Fait don à ſon amant fidele,
La lui jettant dans ſa priſon.
En recevant ce tendre don,
Aucaſſin ne ſe ſent pas d'aiſe ;
Amoureuſement il le baiſe ;
Il le renferme dans ſon ſein.
Mais cet avis tant inhumain
Que lui donne ſa Nicolette,
Et le chagrine, & l'inquiette.
Non, vous ne me quitterez pas,
Ou voulez, dit-il, mon trépas ?

Tous ces diſcours à la tourelle
Sont ouïs de la ſentinelle,

Qui les plaint, hélas! dans ſon cœur.
Le ſoldat entend la rumeur
De la troupe qui fait la ronde.
Il dit : Ah! cette aimable blonde
Va périr infailliblement;
Le damoiſeau certainement
Périroit, s'il perdoit ſa mie.
La ſentinelle avoit envie
De lui crier que les ſoldats
Sont tout-à-l'heure ſur ſes pas;
Mais il craint cette même garde.
Le ſoldat enfin ſe haſarde
A lui chanter cette chanſon,
Comme ſans fraude & fiction.
A ta figure ſi riante
On voit bien, pucelle charmante,
Que tes yeux ont vu ton ami.
Mais prends donc garde à ces gens-ci,
Qui, ſous leurs capes, portent armes,
Sans avoir pitié de tes charmes:
Si tu ne fuis, certainement

Ils vont te tuer, bel enfant.
Nicolette, qui sait comprendre
Ce que l'autre lui fait entendre,
Lui dit : Bon soldat, dont le cœur
A pris en pitié mon malheur,
Et qui me sauves de la ronde,
Que ton pere, dans l'autre monde,
Et ta mere trouvent repos.
Nicolette, ayant dit ces mots,
Dans sa mantille s'enveloppe,
Et l'infortunée, en syncope,
Derriere un pilier de la tour
Se va cacher, en fait le tour,
Evite la ronde qui passe.
Bientôt à cette même place
Où la belle, il n'est qu'un moment,
Entretenoit son tendre amant,
Elle revient vîte lui dire :
Adieu, je pars ; adieu, cher sire.
Elle fuit, cherche auprès des murs,
Pour sortir, quelques lieux obscurs.

Trouve un fossé hors de la ville,
Effrayant son ame débile;
Garins la trouble plus cent fois.
Elle fait un signe de croix,
De Dieu demande l'assistance.
Nicolette aussi tôt s'avance
Du bord de ce fossé susdit,
Où bravement elle s'assit,
Rangeant ses robes par derriere,
Pour ne pas se meurtrir à terre;
Et par la pente du fossé
La belle enfant ayant glissé,
Parvient au fond, n'est point blessée.
Mais elle est bien embarrassée
Pour remonter à l'autre bord,
Quand elle rencontre d'abord
Un dard qui, pendant cette guerre,
Etoit là demeuré par terre,
Et qui peut soutenir sa main.
Nicolette le prend soudain;
Avance un pied, & puis sa lance,

Et

Et puis ſon autre pied s'avance,
Et puis le dard s'avance encor,
Et puis ſon pied prend ſon eſſor,
Et puis le dard le prend encore.
Bref, Nicolette, avant l'aurore,
Au chemin couvert arrivoit.
Auprès étoit une forêt,
D'animaux féroces remplie.
Nicolette craint leur furie;
Elle n'oſe y porter ſes pas;
Mais, d'autre part, redoute, hélas!
D'être repriſe & remenée.
A la fin, cette infortunée
Se cache à l'abri des buiſſons.
Des Bergers gardoient leurs moutons;
Ils apperçoivent Nicolette:
En la voyant ſi joliette,
Et dès l'aurore dans le bois,
Ces jeunes gens ont à-la-fois
Dans l'eſprit la même penſée,
Que Nicolette eſt une Fée.

Nicolette leur dit enfin :
Connoiſſez-vous pas Aucaſſin,
Le fils du Comte de Beaucaire,
Beaux enfans, qui, ſur la fougere,
Vous préparez à déjeûner ?
Et la belle va leur donner
Cinq ſous tirés de ſa pochette.
Ils répondent à Nicolette,
Qu'ils connoiſſent le damoiſeau.
Allez dire au beau jouvenceau,
Leur dit-elle, je vous ſupplie,
Qu'en ce bois, ſur l'herbe fleurie,
Une biche erre maintenant :
Qu'il donneroit cent marcs d'argent,
Et tout le royaume de France,
Pour la tenir en ſa puiſſance ;
Qu'elle guérira tous ſes maux,
Qu'elle lui rendra ſon repos ;
Qu'il accoure ici pour la prendre ;
Que s'il eſt trois jours ſans s'y rendre,
Il ne la rencontrera plus.

Les Bergers dirent là-dessus,
Qu'ils ne pouvoient point aller dire
Cette nouvelle au jeune sire;
Que s'ils rencontrent le beau fils,
Ils lui donneront cet avis.
Elle construit une feuillée
D'herbes, de fleurs environnée,
S'assit auprès, en attendant
L'heure de revoir son amant.

Il n'étoit plus dans la tourelle.
Le Vicomte a vu que la belle
Avoit su franchir sa prison.
Pour s'exempter de tout soupçon,
Au Comte il dit: Sire, elle est morte.
Le Comte alors ouvre la porte
De la tourelle au pauvre amant.
Pour célébrer l'événement,
A sa cour il donne une fête.
Le seul Aucassin, dont la tête
Est toute entiere à son amour,

Eſt froid aux plaiſirs de la cour.
Un Chevalier de l'aſſemblée,
Lui voyant l'ame auſſi troublée,
Lui dit : Seigneur, j'eus votre mal ;
Croyez-moi, montez à cheval,
Allez courir dans le bocage ;
Là, vous entendrez le ramage
Des oiſeaux qui vous charmeront :
Peut-être auſſi vos yeux verront
Quelque objet à la promenade,
Qui guérira ce cœur malade.
Aucaſſin écoute ſa voix,
Monte à cheval, va dans le bois ;
Trouve, en paſſant, ſur la fougere,
Les Bergers que j'ai dit naguere,
Et mangeant là, comme au matin.
Devant eux paſſoit Aucaſſin.
Un de cette troupe joyeuſe
Dit : Que Dieu donne vie heureuſe,
Et tout bonheur au damoiſel,
Le fils du maître du châtel !

A cette charmante pucelle
Aux cheveux blonds, en tout si belle,
Qui nous a donné ces gâteaux,
Et ces flûtes, & ces pipeaux.
Aucassin croit que Nicolette
A pu voir ces gens sur l'herbette.
Lui-même leur donne dix sous,
Et puis leur fait : Que disiez-vous ?
Un de la bande dit au sire
Ce qu'ils ont ordre de lui dire.
Il part, s'enfonce en ces forêts,
Criant : C'est pour voir vos attraits,
Et votre si joli visage,
Nicolette, que je m'engage
Contre les bêtes de ces bois.
Dans les buissons tombant cent fois,
Il se déchire, s'ensanglante ;
Mais, ne pensant qu'à son amante,
Il ne sent ni mal, ni douleur.

TOUJOURS courant, le bon Seigneur

Se trouve auprès de la ramée
Que Nicolette avoit formée.
En la voyant, il eſt ſaiſi;
Et s'écrie : Elle fut ici !
O vous ! belles fleurs, & verdure
Que cette aimable créature
Entrelaçoit avec ſes doigts;
Si je la tenois en ces bois,
De rien je n'aurois plus envie.
Aſſez près, ſur l'herbe fleurie,
Nicolette entend ſon amant;
Elle eſt à lui dans un moment,
Et dans ſes bras elle ſe jette.
Beau doux ami ! dit Nicolette,
Je vous retrouve donc enfin.
O bel enfant ! dit Aucaſſin,
C'eſt donc vous, tant & tant cherchée !
Mais, lui répond ſa bien-aimée,
Où nous cacher ? Notre ennemi
Va nous faire chercher ici.
J'ignore ce que votre pere,

Pour ſe venger, pourra vous faire ;
Pour moi, l'on me fera mourir.
Suis-je avec vous pour le ſouffrir ?
Dit Aucaſſin à Nicolette :
Il dit ; auſſi-tôt il ſe jette
Sur ſon cheval, & dans ſes bras
Prend ſa mie, & doublant le pas,
Il lui donne, par ſes careſſes,
Par ſes baiſers & ſes tendreſſes,
Mille gages de ſon amour.
Ils marchent la nuit & le jour ;
Traverſent des bourgs, des campagnes,
Et des vallons, & des montagnes ;
Enfin, des mers touchent les bords.

Des marchands y voguoient alors.
Aucaſſin, d'aborder les prie,
On va le prendre avec ſa mie.
Le vaiſſeau rentre en pleine mer.
Tout-à-coup un grand bruit dans l'air
Annonce une tempête affreuſe.

Cette bouraſque déſaſtreuſe
Les jette en un climat lointain.
Nicolette & ſon Aucaſſin
Sont pris par un vaiſſeau barbare :
Dans deux barques on les ſépare.
D'un nouvel orage battus,
Ils ſont ſéparés encor plus.
Aucaſſin arrive à Beaucaire ;
Il trouve morts & pere & mere :
A la fuite du damoiſeau,
La douleur les mit au tombeau.
On le reçoit Comte en grand'pompe.
Il s'en faut que rien interrompe
Et ſon amour, & ſon tourment.
Pour la beauté qu'il aime tant,
Elle eſt parvenue à Carthage.
En voyant ſon noble viſage,
Le Roi, les Princes & la Cour,
Saiſis de reſpect & d'amour,
S'informerent de ſa naiſſance.
Je n'en ai point de connoiſſance,

Disoit-elle à ces Africains :
Je sais que par des Sarrasins
Ravie, avant, à ma contrée,
Je fus toute jeune achetée ;
J'ignore tout avant ce jour.
Nicolette arrive à la cour.
Il lui vient quelque souvenance
Des lieux que dans sa tendre enfance
Elle vit, elle fréquenta,
De la chambre qu'elle habita.
Sa surprise paroît extrême :
Le Roi de Carthage, lui-même,
Demeure dans l'étonnement,
Au récit d'un événement
Fait, par Nicolette, au Monarque ;
Il y voit une sûre marque
Qu'il a sa fille sous les yeux.
La joie éclate dans ces lieux.
Au milieu de cette alégresse,
Le Roi propose à la Princesse
Le fils d'un Prince Sarrasin.

Elle, qui ne veut qu'Aucaſſin,
Ne penſe qu'à quitter l'Afrique.
Elle apprend d'abord la muſique,
Prend un maître de violon.
Bientôt, ſortant de la maiſon,
Elle arrive juſqu'au rivage.
Une femme du voiſinage
La retira pour quelques jours.
Voulant pourſuivre un heureux cours,
Nicolette s'habille en homme.
Je ne ſais pas comme l'on nomme
L'herbe qu'elle ſut employer
Pour ſe frotter & barbouiller
Les mains, le col & le viſage;
Mais cette racine ſauvage
Rendit ſa peau du plus beau noir.
Le Negre ſe fait recevoir
Sur un navire allant en France:
Bientôt elle arrive en Provence;
A Beaucaire bientôt après.

Son jeune amant prenoit le frais
Sur ſon perron, avec ſon monde,
Et penſant toujours à ſa blonde.
Elle approche de ſon amant,
Sans le regarder cependant;
Mais, entendant bien qu'il ſoupire,
Elle annonce qu'elle va dire
Les aventures, le deſtin,
Les amours du noble Aucaſſin,
Et de Nicolette ſa mie.
Vous euſſiez vu la compagnie
Attendrie à ce ſeul diſcours.
On veut entendre leurs amours.
Le ménétrier joue & chante
Cette tendreſſe ſi touchante;
Raconte tout, juſqu'à la fin,
Quand de Nicolette, Aucaſſin
Eſt ſéparé par un orage:
Il ajoute: Elle eſt à Carthage;
Son pere eſt Roi de ce canton;
On veut lui donner un félon,

Un Roi payen ; mais Nicolette,
Et le méprise, & le rejette ;
Elle ne veut que son ami,
Et ne sera jamais qu'à lui.

PENDANT ce récit, l'assemblée
Etoit attentive, & troublée.
En s'éloignant de sa maison,
Aucassin dit au violon :
Connoissez-vous donc Nicolette,
Si gentille, si joliette
Que vous venez de nous chanter ?
Oui, je puis bien vous l'attester,
Lui dit le Negre, & je vous jure
Que son amour toujours lui dure,
Et durera jusqu'à la fin.
Beau doux ami, dit Aucassin,
Que mon triste sort vous engage ;
Retournez soudain à Carthage,
[De moi vous serez bien content,]
Dire à celle que j'aime tant,

Que

Que si j'avois su la contrée
De ses doux charmes habitée,
J'aurois volé pour l'aller voir:
Ajoutez, que le doux espoir
De m'unir à ma Nicolette,
Est la cause que je rejette,
Et rejetterai tout lien.
Sur le serment de l'Africain,
De retourner vers sa maîtresse,
Aucassin, rempli d'alégresse,
Lui fait donner vingt marcs d'argent.
Il partoit; mais, se retournant,
Et voyant Aucassin en larmes,
Il lui dit: Cessez vos alarmes;
Car, plutôt que vous ne pensez,
Vous verrez celle que pleurez:
Dans peu vous la verrez, beau sire.

NICOLETTE alors se retire
Chez le Vicomte; il étoit mort.
La Vicomtesse, avec transport,

Revit ſa chere Nicolette.
Quand elle étoit toute jeunette,
La bonne Dame l'aimoit tant !
Avec une autre herbe à l'inſtant,
L'autre enlevant ſa couleur noire,
Demeura blanche comme ivoire.
La Vicomteſſe l'atourna,
La bichonna, la façonna,
La plaça ſur une bergere;
Fut voir le Comte de Beaucaire,
Qui, depuis qu'il vit l'Africain,
Ne prenoit de plaiſir à rien.
Elle lui dit : Je viens, beau ſire,
Terminer un trop long martyre.
Elle le mene à ſon château.
En arrivant, le damoiſeau
Sur un lit voit ſa douce mie.
Auſſi-tôt ſon ame eſt ravie;
Il demeure ſans mouvement.
Elle court à ſon tendre amant,
Lui prodigue mille tendreſſes.

Qui pourroit conter leurs caresses ?
Laissons-les-là jusqu'à demain.
Le jour venu, prenant sa main,
Aucassin la mene à l'église,
La fait Comtesse : on solemnise
Cette journée, & leur amour
Demeure tel qu'au premier jour.

GAUVAIN,

OU

LES LÉVRIERS. (a)

SOUVENT on voit la beauté, la bonté
Dans même objet; & parfois la beauté
Auſſi ſe trouve unie à l'injuſtice.
Eſt-ce un prodige, hélas! de voir le vice
En un objet céleſte & radieux?
L'hiſtoire en fait un récit curieux:
Ecoutez-moi, Meſdames, je vous prie;
Car celui-ci paſſe la raillerie.

(a) M. Le G. D. qui a ſuivi exactement le texte ancien, a intitulé ce Fabliau le Chevalier à l'épée, parce que l'amant téméraire, enfermé avec la fille du Châtelain, étoit percé par une épée inviſible. Ce trait m'a paru invraiſemblable. J'ai changé le titre, parce que j'ai changé cet article.

Au tems d'Artus, à ſa Cour floriſſoit
Un Chevalier qu'aucun ne ſurpaſſoit;
Un Chevalier de renom & de marque:
C'étoit Gauvain, neveu du bon Monarque.
Gauvain allant ſe promener un jour,
Monte à cheval, & n'allant qu'à l'entour,
Le Chevalier, pour toute ſa défenſe,
Prit ſon écu, ſon épée & ſa lance.
Il s'égara. Mais dans un bois ſoudain,
Près d'un grand feu, ſe préſente à Gauvain,
Un Chevalier attendant aventure.
Auprès d'un arbre il avoit ſa monture.
Gauvain lui dit: Seigneur, je ſuis perdu
Dans ce canton qui ne m'eſt pas connu;
Me diriez-vous de Carduel la route?
C'eſt ma demeure. Oui, dit l'autre, ſans doute;
Mais il eſt nuit, & vous n'y verrez rien;
Reſtez ici, vous partirez demain.
Si vous voulez vous coucher ſur l'herbette,
Nous parlerons de guerre, ou d'amourette.

Le bon Gauvain descendit de cheval,
S'assit sur l'herbe; & sincere & loyal,
Autant qu'étoit l'inconnu peu sincere,
Il lui parloit sans ruse & sans mystere.
On s'endormit. Au jour ce Chevalier
Dit à Gauvain, le voyant s'éveiller:
De Carduel la route est longue encore;
Je suis certain que la faim vous dévore:
J'ai près d'ici, beau sire, mon manoir;
Accordez-moi l'honneur de vous y voir.

Gauvain consent. Ils partent tout-à-l'heure.
Sortant du bois, & voyant sa demeure,
Au bon Gauvain l'inconnu dit: Seigneur,
Certes, je veux m'apprêter à l'honneur
Que je reçois d'avoir votre visite;
A mon château je me rends au plus vîte;
Venez après; vous voyez ce manoir.
Il part. Gauvain lui répond: Au revoir.

Au petit pas le bon Gauvain s'avance.

Par le chemin, à certaine diſtance,
Il voit venir quatre bons payſans.
Il les ſalue. Un de ces bonnes gens,
A cet honneur, à ſon noble viſage,
Lui fait : Hélas ! Seigneur, c'eſt bien dommage
Qu'alliez mourir à ce château maudit !
Gauvain ne ſait d'abord ce qu'il a dit.
Bientôt après cependant il y penſe,
En eſt frappé, retourne en diligence,
Rejoint ces gens, & leur dit : Mes amis,
D'un tel diſcours je demeure ſurpris.
Que diſiez-vous, & quel eſt ce langage ?
Nous ne pouvons en dire davantage,
Dit à Gauvain un des quatre paſteurs ;
A ce château l'on voit de bons Seigneurs,
Aſſez ſouvent, ainſi que vous, ſe rendre ;
Nul n'en revient, pour venir nous apprendre
Ce qu'on y fait, comme ce qu'on y dit ;
Tant ſeulement à l'entour il eſt bruit
Que le Seigneur à ſon manoir attire
Les Chevaliers que l'on voit s'y conduire ;

Que si quelqu'un contredit ce méchant ;
Il vous le fait égorger sur le champ.
Voilà, Seigneur, ce qu'autour on débite.

Gauvain, d'abord, vouloit prendre la fuite ;
Mais il craignoit aussi mauvais renom.
Si l'on savoit un jour cet abandon ;
Si le récit en venoit à l'armée,
Il en auroit mauvaise renommée.
Il s'en va donc à ce maudit château ;
Il y parvient au sommet du côteau :
On l'attendoit ; on désarme le sire.
Le Châtelain ordonne de conduire
A l'écurie aussi-tôt son cheval :
Bientôt après, d'un air tout cordial,
Menant Gauvain en une galerie
Riche, superbe, il lui dit : Je vous prie,
Asseyez-vous, regardez-vous chez moi
Comme le maître, & nous donnez la loi.
Ce n'est pas tout ; il dit que l'on appelle
Pour le servir, une fille trop belle :

C'étoit la ſienne : elle arrive ſoudain.
Ma fille, dit le mauvais Châtelain,
En toute choſe obéiſſez au ſire.
Le Châtelain auſſi-tôt ſe retire.
Gauvain alors regarde cet enfant :
C'étoit un port, un aſpect triomphant,
Une beauté ſans égale, peut-être.
Que dira-t-il ? Peut-il être le maître
De cette ardeur qu'allument deux beaux yeux ?
De ſoutenir cet air majeſtueux,
Fait pour dompter toute la terre enſemble,
Cet air divin à qui rien ne reſſemble,
Cette fraîcheur qu'eût envié Cypris,
Ce blanc de lait qui faiſoit honte aux lys,
Cet incarnat qui pâliſſoit la roſe ?
Mais à Gauvain la terreur en impoſe ;
Il craint un piége, en tout quelque danger,
Penſe toujours à l'avis du Berger.
Mais, ne pouvant ſe réduire au ſilence,
A cette belle il offre ſa vaillance,
Son bras, ſes jours ; oſe la ſupplier

Qu'il puiſſe au moins être ſon Chevalier.
Il étoit mieux déja pour cette belle.
Elle jouoit auſſi de la prunelle.
Le Chevalier étoit homme charmant;
On pouvoit bien deſirer tel amant.
Bien on pouvoit au moins le laiſſer dire.
Elle fit mieux. Faiſant jurer le ſire
De ne jamais révéler le ſecret,
Elle lui dit : De vous, Seigneur, c'eſt fait,
Si vous oſez contredire mon pere,
Si vous oſez auſſi vouloir me plaire :
Il m'a preſcrit de vous complaire en tout;
Gardez-vous bien de ſuivre votre goût :
Vous péririez ſous ſon bras ſi coupable.

On a ſervi. Gauvain ſe met à table;
Il mange, boit de tout, & ſans façon.
Tout eſt bien dit, tout ce qu'on ſert eſt bon.
On veut qu'il aît cette belle pour mie.
Gauvain d'abord accepte, & remercie.
Après dîner, le Seigneur Châtelain

Monte à cheval, recommande à Gauvain,
S'il ne veut pas être égorgé ſur l'heure,
De ſe garder de quitter ſa demeure.
Il s'en va donc chercher encore au bois
Quelque aventure; & brutal, & courtois,
Au Chevalier ſur-tout il recommande
De s'amuſer, ordonnant qu'il demande
Tout ce qui peut récréer ſes eſprits.
De ſon humeur Gauvain reſte ſurpris;
Il ne peut point ſe mettre dans la tête
Comment on eſt tant brutal, tant honnête.
L'autre eſt parti. Gauvain & la beauté
Demeurent ſeuls, & dans ce comité
La belle enfant encore plus ravie,
Et plus que lui redoutant pour ſa vie,
Lui répéta pour le moins mille fois,
De reſpecter & ſon pere & ſes lois.

Le ſoir encor même ſort recommence.
Après ſouper, nouvelle extravagance:
Le Châtelain lui dit d'aller dormir

Avec sa fille ; & pour le réjouir
Toute la nuit par l'aspect de sa belle,
On veut qu'il laisse, en dormant avec elle,
Jusques au jour, douze cierges brûlans.
Notre amoureux croit à peine ses sens.
On le conduit à la chambre parée,
Où la belle est avec lui renfermée ;
Et le Seigneur se retire soudain.

Mais à présent que va faire Gauvain ?
Il oublioit le discours de sa mie ;
Il l'oublioit : mais la belle saisie
Lui dit : Seigneur, voulez-vous donc la mort ?
Si vous m'aimez, modérez ce transport ;
Beau Chevalier, je ne suis pas sans garde (*a*) :
Je ne sais point par où l'on nous regarde ;
Mais on nous voit : si vous prenez ma main,

(*a*) C'est ce que j'ai substitué à cette épée dont parle le texte, & qui alloit d'elle-même percer le Chevalier téméraire.

Toute

Vous êtes mort; attendez à demain.
Toute la nuit modérez cette envie,
Et dès demain je ferai votre mie.

A CES difcours, Gauvain fe contenoit,
Et tout-à-coup Gauvain s'abandonnoit
A des tranfports qu'il combattoit à peine.
Quand il penfoit qu'il n'auroit que la peine
De modérer une nuit fes tranfports,
Notre amoureux fe modéroit alors.
Quand il voyoit ce qu'il falloit combattre,
Par tant d'attraits il fe laiffoit abattre;
Il revenoit, étoit d'effroi tranfi,
Perdu d'amour, d'efpérance faifi.
En le voyant confidérer fes charmes,
Au tendre amour prêt à rendre les armes,
La belle alors lui difoit: Ah! Seigneur,
Quelques inftans maîtrifez votre cœur.
Auprès du feu parlons de chofes, d'autres:
Monfieur Gauvain, dites vos patenôtres;
Monfieur Gauvain, tout-à-l'heure il eft jour;

J'entends le coq, & votre tendre amour
Sera payé par tout le mien encore.

On voit enfin reparoître l'aurore.
Le Châtelain accourt en ce moment,
Ouvre la porte, & dit à notre amant:
Preux Chevalier, ma fille est réservée
Au plus loyal qu'ait jamais ceint l'épée:
C'est vous, Seigneur; ma fille est votre bien.
D'autres amans, leur dit le Châtelain,
Pour n'avoir pas modéré leur martyre,
Et pour avoir osé me contredire,
Par cette main furent mis au tombeau:
Vous obtenez ma fille & mon château.
Gauvain lui dit: Seigneur, de telle Infante,
Sans le château, mon ame est bien contente.

On sut autour que le seigneur Gauvain
Avoit fléchi le mauvais Châtelain.
Ménétriers vinrent du voisinage;
On célébra cet heureux mariage;
L'on s'empifra, l'on s'en mit jusqu'au cou:

On fit des jeux ; tout le monde étoit fou.
La nuit survint, non pas pour le martyre ;
Mais pour l'amour, & pour tout son délire.
Le lendemain naissent plaisirs nouveaux ;
Le lendemain aussi peu de repos.
Le lendemain cependant Gauvain pense
Qu'on peut blâmer une aussi longue absence.
Il dit adieu, monte un cheval soudain,
L'Infante un autre, à côté de Gauvain.
Ils sont partis. La belle, dans la route,
Au bon Gauvain dit : Seigneur, il m'en coûte
D'abandonner mes deux beaux Lévriers ;
Ils sont restés au château ; devriez
Aller les prendre, & les mener sur l'heure.
Piquant des deux, Gauvain, à la demeure
Du Châtelain, est rendu dans deux sauts ;
Dans deux conduit les deux beaux animaux.
On poursuivoit. Du fond d'un verd bocage
On voit venir, en brillant équipage,
Un Chevalier montant un palefroi
Fait pour porter la personne d'un Roi.

Du Cavalier l'étincelante armure
Vient relever la plus belle figure.
On est plus près. Gauvain, à son abord,
A saluer se prépare d'abord,
Quand le brutal se jette entre la belle
Et son époux, qu'il sépare loin d'elle.
Il la ravit, saisissant son cheval.
Gauvain lui dit : Lâche, polteron, vassal,
Vous avez fait l'action d'un infâme,
Et le serez, si, ravissant ma Dame,
Vous n'ôtez pas ce casque, ce haubert;
Car comme vous je ne suis pas couvert;
Ou permettez qu'à mon tour je me couvre
De cet apprêt que mon œil vous découvre,
Et nous verrons si vous pouvez m'ôter
Ce bel enfant qu'osez me contester.
L'autre lui dit : Ne craignez rien, beau sire,
Dans le moment vous pouvez tout me dire.
Je suis armé, votre corps ne l'est pas;
Je connois trop les loix de nos combats,
Pour que je cherche à vous faire querelle;

Mais écoutez : Cette femme ſi belle
Eſt, dites-vous, beau ſire, vótre bien ;
Qu'elle me ſuive, elle ſera le mien :
Elle vous ſuit, c'eſt-là tout votre titre.
Mais faiſons mieux, prenons-la pour arbitre,
Qu'elle prononce ; elle demeurera
Au Chevalier qu'elle préférera.
Bien aſſuré de l'amour de ſa belle,
Gauvain conſent, rit de cette querelle.
Les champions la font placer entre eux.
Or, devinez lequel des amoureux
Va remporter en ce jour la victoire.
C'eſt l'étranger. O honteuſe mémoire !
O crime affreux ! ô ſexe trop ingrat !
Dit lors Gauvain, quoi ! pour un vain éclat !
Mais il s'arrête, & cette perfidie
Retient ſa langue, & ſon ame eſt ſaiſie.

Alors l'ingrate entraînant ſon amant,
Qu'elle précede, & d'un air triomphant
Quitte Gauvain, ſans le regarder même.

Lui-même part dans sa douleur extrême,
Et dans la route il est des chiens suivi.
La belle enfin s'écrie à son ami :
Eh ! mes deux chiens ! Son ami part en poste,
Va les chercher ; mais Gauvain lui riposte :
Faisons les chiens les juges du débat,
Comme avons fait l'arbitre du combat,
Cette maîtresse aussi trop criminelle.
Séparons-nous ; que chacun les appelle ;
Ils resteront selon leur propre choix.
On ne pouvoit demander d'autres loix.
Lors tous les deux les appellent, les flattent ;
Mais ces bons chiens s'empressent & se hâtent
Pour obéir à celui seulement
Qui les nourrit, les caressa souvent.
A l'étranger alors Gauvain dit : Frere,
Cette perfide, hélas ! vient de me faire
Une leçon que son cœur vous rendra ;
Encore un coup, autant vous adviendra.
Ces animaux nous en font bien une autre ;
Car tous les jours, comme aujourd'hui la vôtre,

Une maîtresse oublie un tendre amant.
On ne voit point oublier lâchement
D'un pauvre chien la main qui le caresse.

Le Chevalier retourne à sa maîtresse;
Elle le voit arriver sans ses chiens.
Quoi, lui dit-elle, & sans eux tu reviens!
Va les chercher, ou toi-même demeure.
Notre amoureux retourne tout-à-l'heure;
La lance au poing va tomber sur Gauvain,
Qui voit le coup, sait l'éviter soudain,
Sous son écu se mettant en défense.
A l'ennemi Gauvain porte sa lance,
Le jette à terre; il descend de cheval,
Tire l'épée, immole son rival;
Remonte, encor suivi des chiens fideles.

Dans ses fureurs, dans ses fiertés cruelles,
L'ingrate a vu le combat, & son sort.
Seule en ces lieux, par cette triste mort,
Devant Gauvain elle se fond en larmes,

Pour obtenir qu'au milieu des alarmes,
Seule en ces bois, quand la nuit va venir,
Il ne la laiſſe en danger d'y mourir.
Gauvain lui dit : A cette même place
Où, tout-à-l'heure, avez bien eu l'audace
De le quitter, malgré ſon tendre amour,
Belle, un époux vous délaiſſe à ſon tour.
Vos beaux talens, votre coquetterie,
Vous donneront ſans doute compagnie.
Diſant ces mots, Gauvain l'abandonna.
J'aurois voulu plutôt qu'il pardonna.
J'eus pardonné moi-même à l'infidelle.
Peut-on laiſſer dans les pleurs une belle ?

LE CHEVALIER
A LA TRAPE.

Au présent Conte on verra d'un jaloux
Le triste sort qu'ils mériteroient tous.
Il avoit pris une femme fort belle;
Auroit bien pu l'avoir aussi fidelle,
Sans le renfort des verroux & des murs,
Contre l'amour remedes bien peu sûrs.
Il avoit mis l'objet de sa tendresse
En une tour, horrible forteresse
Où l'œil voyoit trente pieds d'épaisseur;
Le trait pouvoit atteindre sa hauteur;
Avoit encor fermé de dix-huit portes,
Que des appuis rendoient encor plus fortes,
La seule issue attenante au château.
Dur gardien de cet objet si beau,
Il avoit seul les clefs de cet asyle,
Il les portoit, ou n'étoit pas tranquille.

De tant de ſoins quels furent les ſuccès ?
Près de la tour, & ſous ſes murs épais,
Un Chevalier paſſe un jour, d'aventure.
Une lucarne, hélas ! ſimple ouverture
Que, pour laiſſer un peu d'air & de jour,
Notre jaloux a fait faire à la tour,
Au Chevalier découvre une mortelle
Dont les appas renverſent ſa cervelle.
La tour auſſi prêtoit à ſa beauté.
Il faut le croire un génie exalté,
Un de ces gens voyant tout dans l'optique.
Le voilà fou; le voilà frénétique.
Dans les romans ce qu'il a jamais lu,
Il le rapporte à l'objet inconnu.
Eût-il été moins beau, la citadelle
Eût embelli la plus ſimple mortelle.
Tant de beauté qu'il voit dans cette tour,
Le raviſſant, le retient à l'entour.
Il faut qu'il meure, ou qu'il plaiſe à la Dame.
Je ne peins point à vos yeux cette femme.
De ſes appas tracez-vous le tableau ;

Vous ne pouvez vous le former trop beau :
Sur ce ſujet qui peut vous contredire ?
Le Chevalier la regarde, ſoupire ;
Il ſe haſarde à lui faire un ſalut.
Mais quel plaiſir ! quand ſon œil apperçut
Cette beauté révérée en ſilence,
Qui lui faiſoit auſſi la révérence.
Femme captive eſt gagnée à moitié.
L'autre d'ailleurs méritoit amitié :
Il étoit beau. Cette belle recluſe
Trouvoit par-tout à l'amour une excuſe :
Bref, elle aima ſans connoître pourtant :
Plus d'une en ſais qui peut en dire autant.
L'aventurier, à ce certain indice,
Qu'à ſa tendreſſe elle ſera propice,
Agit bien mieux qu'on ne l'auroit penſé :
Il ne va pas d'abord, en inſenſé,
Jetter ſoupirs aux yeux de cette belle.
Le Châtelain, près de la citadelle
Etoit toujours, rodoit inceſſamment ;
Au ſeul ſoupçon qu'il étoit un amant,

Il n'étoit plus de reſſource à ſa flamme.
Il fait entendre à l'époux de la Dame,
Que par malheur, en combat ſingulier,
Il vient d'occire un noble Chevalier,
Dont les parens ſont tous à ſa pourſuite:
Avec inſtance il lui demande un gîte.
Très-volontiers, lui dit le Châtelain:
Mes ennemis viennent prendre mon bien;
Je ſuis en guerre, & votre offre me charme.
Le lendemain notre aventurier s'arme;
En peu de tems, de tous les ennemis,
Par ſa valeur il purge le pays.
Heureuſement terminant cette guerre,
Le Duc le fait Sénéchal de ſa Terre.
Je n'ai pas dit que cette terre avoit
Un Duc pour maître, & non Duc à brevet;
Mais un vrai Duc, & dans toutes les formes.
Sachez-le donc. Les deſtins ſont conformes
Aux vœux ardens de notre Sénéchal.
Par tel emploi fixé chez ſon rival,
Le lendemain notre amant le conjure

De

De luì donner, pour faire une masure,
Dans son verger, je ne sais quel vacant.
Le Duc l'accorde, & le drôle, à l'instant,
Au même lieu fait une maisonnette
Bien arrangée, & jolie, & proprette,
Mais pas trop près de la susdite tour,
Clos de buissons le verger à l'entour,
Et fait ouvrir porte sur la campagne.
L'ouvrage fait, notre aventurier gagne,
A force d'or qu'il lui mit dans la main,
Son ouvrier, pour faire un souterrain
Communiquant à la tour de la belle.
En onze jours, sous cette citadelle
Heureusement on se vit arrivé;
Le plancher s'ouvre, & l'ouvrage achevé,
L'adroit Maçon, pour déguiser la chose,
Fait une trape, & si bien la dispose,
Si bien la clôt, que l'Argus le plus fin
A la trouver eût perdu son latin.
Enfin, l'amant assomme l'Architecte.
Vous me direz; l'action est abjecte!

J'en conviendrai ; ce fut un malheureux :
J'ai bien regret qu'un tranſport amoureux
Lui faſſe faire action auſſi noire ;
Mais c'eſt ainſi que l'on conte l'hiſtoire :
Je ne ſaurois changer ce qu'on en dit.
Que voulez-vous ? C'eſt un homme maudit ;
On le voit bien à tant de hardieſſe.
Par cette trape il va chez la Ducheſſe.
Ce qu'il lui dit, j'en ſais autant que vous.
Il ſe jetta, je crois, à ſes genoux.
Elle, je crois, lui dit, hélas ! beau ſire,
Relevez-vous, car vous me faites rire.
Vous avez fait quelque trou ſous les murs.
Bien fait à vous. A mes deſtins ſi durs
Enlevez-moi, je ſerai votre femme.
Ce n'étoit pas tant aiſé que la Dame,
Dans ſon donjon, pouvoit le concevoir.
Comment ſortir ? Sur quoi fonder l'eſpoir
De traverſer là ville & le rivage ?
Comment trouver tout près un équipage ?
Laiſſons-les donc en paix jouir du bien

Que leur produit ce bénit souterrain,
Et laissons faire un damné véritable.
En le quittant, cette femme adorable
Lui met au doigt une bague de prix,
Présent du Duc, quand ils furent unis.
Notre galant aussi-tôt se retire,
Va voir le Duc, à ses yeux fait reluire
Le diamant, que le Duc reconnoît.
A cet aspect il reste stupéfait,
Et néanmoins sait modérer son ame.
Au même instant il va trouver sa femme.
Le Sénéchal prévient notre jaloux.
Avant qu'il ait ouvert dix-huit verroux,
Et refermé les portes sur lui-même,
Le scélérat, d'une vîtesse extrême,
Porte l'anneau par la trape, & puis sort.
Le Duc arrive; il demande d'abord
A la Duchesse, & de l'ordre étonnée,
A voir l'anneau, le don de l'hyménée;
Et furieux, voyant l'air interdit
De la coupable, à cet ordre subit,

Il la menace, il écume de rage.
Sans rien répondre à ce tyran ſauvage,
Elle le cherche, & le trouvant ſoudain,
Elle le rend au berné Châtelain,
Bien aſſuré que ſa femme eſt fidelle,
Imaginant qu'une pierre auſſi belle,
Pareille en tout à ce don conjugal,
Etoit tombée aux mains du Sénéchal.
Il dormit donc ſur l'une & l'autre oreille.
Le lendemain notre jaloux s'éveille;
Il veut chaſſer, & mener l'autre au bois.
Il lui répond: Seigneur, pour cette fois,
Daignez ſouffrir qu'au logis je demeure;
Ma douce mie arrive tout-à-l'heure;
Elle m'apprend qu'elle a fléchi du mort
La parenté qui deſiroit ma mort,
Et que je puis rentrer dans ma patrie.
Souffrez, Seigneur, que j'épouſe ma mie,
Et que demain je parte de ces lieux.
Elle voudroit ſe produire à vos yeux,
Et que ce ſoir, au retour de la chaſſe,

Entrant chez nous, vous nous fassiez la grace
De recevoir un soupé très-frugal.
Le Duc consent. Au soir le Sénéchal,
Bien préparé, va tirer la coulisse;
Notre Duchesse heureusement se glisse
Dans le logis de son futur époux,
Qui, pour tromper encor mieux le jaloux,
Sous des habits étrangers la déguise.
Le Duc arrive. Oh! quelle est sa surprise
En la voyant semblable en tous les points
A la beauté qu'il sait bien néanmoins
Ne pouvoir fuir d'une tour aussi forte.
Les vêtemens que cette belle porte,
Sont néanmoins autres que les atours
Qu'à la Duchesse il voyoit tous les jours;
Mais pour les traits, ce sont ceux de sa femme.
Le Sénéchal par la main prend la Dame;
Il la présente au pauvre Châtelain.
Voilà, dit-il, celle que dès demain
J'épouserai, si l'avez agréable.
Au même instant elle se met à table,

A ſes côtés faiſant aſſeoir le Duc,
Prêt à tomber, hélas! du mal caduc,
Tant ſa ſurpriſe agiſſoit ſur ſon ame.
Mangez, Seigneur, lui diſoit cette Dame.
Il ne pouvoit avaler un morceau;
Bref, il ſoupa de quelques verres d'eau.

Après ſoupé, notre Duc ſe retire,
Pour éclaircir ce que tant il admire:
Il ouvre, voit ſa femme dans ſon lit.
Qui fut joyeux? de plaiſir interdit?
Ce fut le Duc, voyant dormir la belle.
Vous croyez bien cependant que d'icelle
Le ſomme étoit & feint & ſimulé.
Notre jaloux demeure conſolé,
Et néanmoins il viſite ſerrures,
Et cadenats, & d'autres fermetures,
Dont il avoit, pour ſurcroîts de renforts,
Encor muni les portes au-dehors.
Tout va fort bien, ſe dit le pauvre ſire.
Il ne peut point cependant qu'il n'admire

Cet autre objet en tout si ressemblant :
La vérité se montre cependant.
Laissons, dit-il, des soupçons aussi vagues ;
Elles sont deux, comme il étoit deux bagues,
Que je croyois n'être qu'une d'abord.
L'esprit tranquille il se couche, s'endort
Pour la derniere fois, hélas ! près de sa femme !
Pendant la nuit, pour enlever la Dame,
Le Sénéchal s'assure d'un vaisseau :
Il voit le jour, & des jours le plus beau.

Le Duc sortoit pour aller à la Messe.
Notre amoureux aborde son Altesse :
Sire, dit-il, accordez-moi le bien
D'être témoin de notre heureux lien ;
C'est un honneur desiré de ma mie.
Oui, dit le Duc. L'autre le remercie ;
Va la chercher au logis à l'instant :
Là, déguisée, encore elle l'attend.
Deux Chevaliers la menent à l'Eglise.
Le Duc n'a plus ni soupçon, ni surprise ;

Au Sénéchal il en donne la main ;
Il l'épousa devant Dieu, bel & bien.
La Messe dite, on se rend au rivage :
Le Duc y va, menant le mariage ;
Il est suivi lui-même de ses gens :
On est au port ; alors il met des gants ;
Et par la main prend la belle épousée,
L'aide à monter ; & l'ayant déposée
Dans le navire, il leur fait ses adieux.
En un moment ils sont loin de ses yeux.
Que va-t-il dire, en voyant maison nette ?
Je n'en sais rien, ni ne m'en inquiette.
Vous deviez voir prospérer ces amans :
Ils sont partis, devez être contens.

AUBERÉE.

JEUNES tendrons, que sur vous le Ciel veille :
Mais écoutez ce que je vous conseille.
Pour prévenir les piéges des amans,
Ne hantez point les femmes, mes enfans.
Femme toujours à la femme est funeste ;
Vieilles, sur-tout, sont pires que la peste :
Vous y perdrez tôt ou tard votre honneur,
En vous voyant aux mains d'un suborneur.
Telle auroit pu rester fidelle & sage,
Sans une amie, un maudit voisinage,
Qui lui prêta du mal l'occasion,
Et l'induisit à fornication.
Un seul récit vous le fera connoître.

Au tems jadis, Compiegne avoit vu naître
Un Jouvenceau, fils d'un riche bourgeois.
Une beauté, l'éclat du Soissonnois,
Mais qui n'avoit que ces dons en partage,

Dans cette ville, en un pauvre héritage,
Avec un pere, honnête laboureur,
Couloit ſes jours dans la peine & l'honneur.
Le Jouvenceau s'enivra de ſes charmes.
Il ſoupira, pria, verſa des larmes :
On ſait aſſez ce que tout amoureux,
Pour parvenir au comble de ſes vœux,
En pareil cas fait auprès d'une belle.
Notre amoureux la vit toujours rebelle.
Elle lui dit : Sire, retirez-vous,
Je n'aimerai jamais que mon époux ;
Soyez le mien ; à tous je vous préfere.
Il l'auroit bien deſiré ; mais ſon pere,
A qui l'amant déclara ſon projet,
Lui répondit par un refus très-net,
De conſentir à lui donner ſa belle.

Un bon Marchand demanda la pucelle :
Il étoit veuf. Le pere l'accorda.
Le Jouvenceau gémit, ſe lamenta,
Maudit ſes biens, cauſe de ſon dommage.

Il voulut rompre un fâcheux mariage.
On le conclut : alors notre amoureux
Eſpere encor de contenter ſes vœux,
En obtenant de la femme gentille,
Ce qu'il ne put obtenir de la fille.
Il s'atourna. D'un beau ſurcot couvert,
Et d'un habit d'eſtanfort teint en verd,
Il s'en alla viſiter l'épouſée,
Qui le reçut ſi mal, que la penſée
D'y retourner le quitta pour jamais.

PERDU d'ennuis, accablé de regrets,
Il va s'aſſeoir dans la maiſon voiſine.
Dame Auberée, une vieille Campine
Que connoiſſoit notre pauvre amoureux,
Avoit céans ſes foyers & ſes Dieux.
De ſon métier elle étoit couturiere :
Qu'avez-vous donc ? lui dit l'octogénaire,
En lui voyant un air tout interdit.
Notre amoureux, à la vieille alors dit
Et ſon amour, & ſa triſte aventure,

Bon ! c'eſt cela, dit l'autre, je vous jure
Qu'avant deux nuits, en dépit du jaloux,
Et par lui-même, aurez un rendez-vous
Avec l'objet qui cauſe votre peine.
Mais il faut bien récompenſer la mienne :
Qu'aurai-je encor pour mes ſoins importans ?
Notre amoureux promet cinquante francs (*a*).
Elle lui dit d'aller chercher la ſomme.
Il part, revient ; l'autre dit au jeune homme :
Laiſſez encor votre ſurcot ici ;
Comptez ſur moi, n'ayez aucun ſouci ;
Inceſſamment ſoyez prêt à paroître.

L'AMANT s'en va. La vieille, à la fenêtre,
Guette l'inſtant où l'époux va ſortir :
Bientôt après elle le voit partir.
Elle deſcend, prend ſa mantille, emporte
Le beau ſurcot, ſe préſente à la porte
De l'épouſée, & de l'air le plus doux,

(*a*) Somme alors très-conſidérable.

Elle

Elle lui dit : Que Dieu ſoit avec vous,
Belle voiſine, & qu'il veuille avoir l'ame
De la défunte. O le bon cœur de femme
Qu'elle faiſoit ! Auſſi, dans le canton,
Elle étoit bien en bénédiction.
Je n'aurois pas paſſé devant ſa porte
Qu'elle n'eût dit : Hélas ! la pauvre morte,
Dame Auberée, eh ! venez donc me voir.
Et puis ſouvent nous parlions juſqu'au ſoir.
Pour m'obliger elle eût donné ſa vie.
Hélas ! je perds une bien bonne amie.
Diſant ces mots, elle ſe fond en pleurs.
L'autre lui dit : Suſpendez vos douleurs.
Auriez-vous donc beſoin de quelque choſe ?
Lors Auberée : Hélas ! oui ; mais je n'oſe.
Pardon au moins de tant de liberté ;
Mais de ma fille, en mauvaiſe ſanté,
Le ſeul amour me rend ſi téméraire.
Vous ne ſavez ce que c'eſt d'être mere :
Ah ! comme moi vous le ſaurez un jour.
Vos petits pains tout chauds, ſortant du four,

Votre vin blanc, font envie à ma fille.
Las ! vous ſavez combien elle eſt gentille.
Depuis deux jours elle ne s'en tait point ;
Elle eſt malade, & pourtant ſur ce point
Je ne voulois vous faire une priere.
Pardonnez donc à l'amour d'une mere.
Dame Auberée, eh ! que dites-vous là ?
Entrez, dit l'autre ; & qu'eſt-ce que cela ?
Meſſire, & moi, pour vous, dame Auberée,
Ferions bien plus. Je vous ſuis obligée,
En s'aſſéyant, dit Auberée encor ;
Vous méritez d'avoir ceci plein d'or :
Que le bon Dieu ſoit votre récompenſe.
La pauvre morte, hélas ! lorſque j'y penſe,
Avec votre homme avoit un ſort bien doux ;
Il lui donnoit & robes & bijoux ;
Nulle ne fut auſſi bien équipée.
Je ſais cela, ma charmante épouſée :
C'eſt-là dedans qu'ils couchoient tous les deux.
Diſant ces mots, d'un regard curieux
Dame Auberée examine, viſite

Tous les recoins, tous les meubles du gîte ;
Demande à voir les robes, les bijoux,
Qu'en la prenant lui donna ſon époux.
Femme jeunette en ce cas eſt charmée.
Elle préſente aux regards d'Auberée
Tous les cadauts que ſon époux lui fit.
Bientôt après, en lui montrant ſon lit :
Voilà, dit-elle, où je couche, & Meſſire.
Dame Auberée attendoit, ſans mot dire,
Qu'elle en parlât, pour lâcher le paquet.
En tâtonnant, pour voir s'il eſt mollet,
Ce lit modeſte où la propreté brille,
Tirant l'habit qu'elle a ſous ſa mantille,
Elle le place entre les matelas.
On jaſe encor ; mais, jettant un hélas,
La vieille dit à la belle épouſée :
En m'attendant, peut-être, déſolée,
Ma fille fait un tracas de lutin.
L'autre lui donne une miche & du vin.
La vieille donc termine ſa viſite.

LAS de courir, l'époux revient au gîte ;
Il veut souper, & se coucher soudain.
A peine au lit, il ne s'y sent pas bien ;
Je ne sais quoi le blesse, l'inquiéte ;
Il saute en bas, tâte sous la couchette,
Sent un paquet qui trouble le jaloux.
D'abord il va pousser les deux verroux,
Bat le briquet, & voit un surcot d'homme.
Je suis trahi, l'on me tue, on m'assomme,
On veut ma mort, dit le pauvre marchand !
Elle aime donc, elle a donc un amant ;
Et m'épousa pour ma seule opulence ?
Disant ces mots, dans sa vive souffrance,
L'infortuné se remet sur son lit,
Songe long-tems ; & plus il réfléchit,
Et moins il sait ce qui lui reste à faire :
Mais il descend, écumant de colere,
Saisit sa femme, & sus la met dehors.

LA fausse vieille, au susdit juste-au-corps
S'attendoit bien à voir semblable issue.

Elle s'écrie, en voyant dans la rue,
Toute égarée, allant & revenant,
La jeune femme, [hélas! la pauvre enfant,
Par ce jaloux, & par sa brusquerie,
Avoit été soudain trop étourdie,
Pour avoir pu même lui dire un mot].
Dame Auberée, aux aguets dès tantôt,
Lui crie: Hélas! ai-je donc la brelue?
C'est vous, voisine, aussi tard dans la rue?
Qu'y faites-vous? Vous arrive-t-il pas
Quelque désastre, ou bien quelque embarras?
Ah! qu'à propos je vous trouve, Auberée,
Lui dit d'abord notre belle éplorée:
Mon mari vient, sans rime ni raison,
De me chasser, la nuit, de la maison,
En m'accablant de mainte & mainte injure.
Bonne Auberée, hélas! je vous conjure
Que nous allions chez mon pere à l'instant.
Gardez-vous bien de cela, bel enfant,
Lui dit la vieille, on ne sauroit que croire;
Vous vous feriez une fâcheuse histoire;

Votre papa vous gronderoit bien fort ;
Tout le quartier vous croiroit quelque tort,
Soupçonneroit quelque hiſtoire galante :
Hélas ! le monde eſt choſe ſi méchante !
Mais, entre nous, ceci n'eſt que du vin :
Venez chez moi ; demain, dès le matin,
A ſon lever, ayant fait un bon ſomme,
Nous entrerons nous deux chez le bon-homme,
Qui du paſſé ne ſe ſouviendra point :
Car vous m'avez obligée en un point ;
Je prétends bien vous ſervir en un autre.
Parlant ainſi, d'abord le bon apôtre
Conduit la Dame au fond de ſa maiſon,
En une chambre, & lui dit : Beau tendron,
Vous devez être ici bien raſſurée :
Il faut ſouper. Non, dit la mariée,
Je ne ſaurois, tant j'endure de maux.
—— Au lit au moins prenez quelque repos.
—— Encore moins. Cependant la ſorciere
Parla ſi bien, ſut ſi bien dire & faire,
Que notre belle enfin ſe mit au lit.

LORSQUE Auberée entre deux draps la vit,
Elle courut avertir le jeune homme.
Vous croyez bien qu'il ne prenoit son somme.
Il attendoit la vieille à tout moment.
Sur sa fenêtre assis, le pauvre amant
La voit venir, d'une lampe éclairée.
Eh bien! dit-il. Eh bien! dit Auberée,
Dans mes filets je tiens la biche enfin.
L'amant accourt. . . . Mais que j'ai de chagrin
De voir l'Auteur dont je suis la chronique
De ce récit, lorsque plus il me pique,
Traîtreusement interrompre le cours.
Pourtant je faux, parce qu'en ses discours
Ledit Auteur est circonspect & sage.
Il ne veut point, à la présente page,
Dire comment la chose se passa,
Comment le gars finement se glissa
Près de sa belle, & posséda ses charmes.
Mais il nous dit pourtant qu'en ses alarmes
L'appercevant, la belle jette un cri;
Que l'amoureux lui remontre, en ami,

Que dans ces draps, chez la Dame Auberée,
A pareille heure avec lui rencontrée,
On pourroit bien la croire de moitié.
Moitié frayeur, moitié trouble, pitié,
Honte, vengeance, amour, desir, foiblesse,
L'amoureux vit succomber sa Lucrece;
Mais, moins sévere, elle lui pardonna;
Au désespoir point ne s'abandonna,
Ainsi que l'autre, au tems jadis, à Rome.

AVANT le jour, Auberée au jeune homme
Vient annoncer qu'il faut sortir d'abord.
Pourquoi sortir? lui dit l'amant; tout dort,
Il n'est pas jour, Auberée. Il n'importe,
Répond la vieille; allons vîte à la porte;
Habillez-vous, il faut sortir d'ici:
Obéissez, si vous avez souci
Que je vous serve en une autre rencontre.
Et vous, ma belle, il nous faut ici contre
Nous retirer dans le même moment.
Elle la mene en un certain Couvent,

Couvent fameux, nommé de Saint-Corneille ;
On y ſonnoit matines, que la veille
Tout bonnement on dit en d'autres lieux,
Ou ne dit point, mais on n'en fait pas mieux :
Il faut toujours que le devoir ſe faſſe.
Dans cette Egliſe Auberée enfin place,
Devant l'autel, la belle à deux genoux ;
Elle lui dit : Attendez votre époux,
Je vais le voir ; dites, devant ce cierge,
Dévotement l'office de la Vierge ;
Voilà le livre, & part dans le moment.
Elle s'en va tout droit chez le Marchand.
Sous ſon bonnet, dans ſa robe de chambre
Elle le trouve, en entrant dans ſa chambre,
Ayant paſſé la nuit dans les douleurs,
Dans les tourmens, l'abîme des horreurs.
Eh quoi ! lui dit notre ſempiternelle,
Avez-vous femme & ſi jeune & ſi belle,
Pour l'envoyer prier Dieu dès le jour ?
Vous devriez, pour elle, par amour,
Pour rafraîchir votre jeune épouſée,

L'avoir au lit la grasse matinée,
Non l'envoyer au moutier si matin.
D'un mauvais rêve ayant un noir chagrin,
Au point du jour je vais à Saint-Corneille;
J'entre, je vois votre jeune merveille
Fondante en pleurs, sans doute du dépit
D'être forcée à sortir de son lit;
Et cependant la pauvre créature,
Auprès d'un cierge, en une humble posture,
Dit son office, & bien dévotement.
Qui fut surpris ? Ce fut notre Marchand.
Qui fut joyeux ? Ce fut encor lui-même.
Toute la nuit d'une colere extrême;
Mais la pitié, le repentir, l'amour,
Pour ce tendron lui parlant tour-à-tour,
Il desira de la voir reparoître.
Il s'étoit mis cent fois à la fenêtre;
Il épioit sans cesse le moment
Où son épouse, au logis revenant,
Lui donneroit peut-être quelque excuse
Sur une erreur qui le trouble & l'abuse.

Mais ce ſurcot, en ce lieu qui la mis ?
De ce diſcours je demeure ſurpris,
Fit-il alors à la vieille Auberée.
Venez plutôt, lui dit notre édentée,
Vous la verrez devant Dieu bel & bien.
Il va, la trouve en un humble maintien,
Telle en un mot que la vieille l'a miſe.
Dans ſes tranſports, dans ſa douce ſurpriſe,
Notre Marchand aborde ſa moitié,
Verſe des pleurs, implore ſa pitié ;
Avoue auſſi que du jus de la treille,
Chez un bourgeois, il abuſa la veille ;
Conduit enfin ſa femme à la maiſon.

MAIS ce ſurcot lui trouble la raiſon.
Comment s'eſt-il trouvé ſous ſa couchette ?
Pour le calmer la vieille encor le guette.
A ſa fenêtre Auberée aux aguets,
Voit le Marchand ſortir bientôt après ;
Et la voilà comme une Méluſine,
Criant d'un ton à fendre ſa poitrine :

Quoi ! trente ſous ! trente ſous ! bon Jéſus !
Autant vaudroit demander trente écus ;
Où veut-il donc que les prenne Auberée ?
Je n'ai plus rien, je ſuis morte, enterrée :
Ils vont venir prendre tout mon avoir.
Notre Marchand, voyant ce déſeſpoir,
Lui demanda d'où venoit ſa furie.
Sans lui répondre, elle toujours s'écrie :
Quoi ! trente ſous ! trente ſous ! mon bon Dieu !
Je n'aurai plus, tantôt, ni feu, ni lieu.
Voilà mon rêve, il ne m'a point trompée.
Le Marchand monte au logis d'Auberée ;
Et la prenant doucement par le bras :
D'où viennent donc, lui dit-il, ces éclats ?
Sire, voyez, répond la Ravaudeuſe,
S'il ne faut pas être bien malheureuſe !
Hier, oui, c'eſt hier, quelqu'un, ſur le tantôt,
Ici me laiſſe, à recoudre, un ſurcot ;
Il y falloit rattacher la fourrure.
Je commençai la maudite couture.
Pour quelque tems ayant beſoin dehors,

Je

Je me nantis du même juste-au-corps,
Pour coudre, au cas que l'on me fit attendre.
Mais voyez donc s'il ne faut pas me pendre?
Je ne saurois dire où je l'ai laissé.
Le maître vient, & d'un air empressé,
Il me demande, à bon droit, son ouvrage.
Je ne l'ai point; il crie, il fait tapage;
Il veut avoir son maudit juste-au-corps,
Ou trente sous, ou de tous les recors
Il va remplir ma maison toute entiere.
Il faut m'aller jetter à la riviere.
Où puis-je avoir cet argent, mon voisin?
Lors le Marchand lui dit: Point de chagrin.
N'êtes-vous pas hier au logis entrée?
Oui, dit la vieille, & j'étois occupée
A voir Madame arrangeant votre lit.
Tout en jasant, votre femme me dit:
Asséyez-vous un moment, ma voisine.
Elle fut faire un tour dans sa cuisine,
Elle revint; je la quittai bientôt.
Mais, pour parler de ce maudit surcot,

Il eſt tout verd, avec une fourrure;
J'en ai chez moi commencé la couture,
Et mon aiguille, & le fil, & le dé,
Tout au ſurcot, pour la preuve, eſt reſté.
Ah! mon voiſin, c'eſt un coup qui m'aſſomme.

Rien n'égaloit le plaiſir du bon-homme.
Il va chez lui pour éclaircir le fait.
L'habit eſt verd, déja même il le fait;
Il voit le dé, l'aiguille d'Auberée,
Comme elle a dit, au ſurcot arrêtée.
Il va tout rendre, & tous furent contens,
L'époux, la vieille, & ſur-tout nos amans.

LA CHATELAINE DE VERGY.

Cruel Amour, que de maux tu produis!
Pour quelques biens à nos cœurs départis,
Presque toujours tu fais couler des larmes.
A-t-on goûté quelques momens tes charmes,
On est en proie à toute ta fureur.
Quel est l'amant dont mille fois le cœur
N'ait ressenti, même dans tes délices,
Les plus grands maux, les plus cruels supplices!
La jalousie arrive sur tes pas;
Elle perd tout, fait naître les éclats,
Et les fureurs, & tous les maux ensemble.
Cruel Amour! cependant il nous semble
Qu'on ne sauroit vivre sans te servir.
Si l'on te sert, il faut s'en repentir.
Que reste-t-il? Qu'à mourir à la peine.
Elle y mourut, la belle Châtelaine,

Dont les amours d'abord prenoient ſi bien;
Elle y mourut : ce fut un petit chien
Qui de ſa mort fut la cauſe innocente ;
Ou bien plutôt ce fut une méchante
Que tu bleſſas, Amour, d'un trait cruel,
Et qui, brûlant pour un autre mortel
Que pour celui qu'elle eut en mariage,
Troubla la paix, fit reſſentir ſa rage
A des amans tant unis, tant heureux,
Et fut enfin immolée avec eux.
Elle y périt. Puiſſe la jalouſie
Ne rencontrer que des maux dans la vie,
Et la finir par une même mort !

Cette beauté, dont je pleure le ſort,
Etoit Vergy ; non cette Gabrielle,
Qui de Fayel fut l'épouſe fidelle,
Et qu'aima tant le ſire de Coucy.
De même nom, & toute belle auſſi,
Par Agolane elle ſe vit aimée ;
Mais c'étoit tant, que la belle animée

Du même amour pour ce beau Chevalier,
Put à la fin avec lui s'oublier.
Elle lui tint, avant tout, ce langage:
Je vois aſſez que je ſerai peu ſage;
Je meurs d'amour, Agolane; pourtant,
Si l'on ſavoit ce ſecret important,
Si votre aveu, même une négligence,
En répandoit la moindre connoiſſance,
Attendez-vous à toute ma fureur;
J'aurois pour vous, Agolane, en mon cœur,
Autant de haine, & de courroux encore,
Que j'ai d'amour, qu'il faut que l'on ignore.
Songez-y-bien, je vous en avertis.
L'autre a juré. La belle, à ſon avis,
Fait ſuccéder des ſoins pleins de tendreſſe.
Le pavillon qu'habitoit la Princeſſe,
Niece du Duc en Bourgogne régnant,
Sur le verger au palais attenant,
Avoit des jours, avoit même une iſſue.
Quand cette belle, en ſa chambre rendue,
Pouvoit avoir ſon amant ſans danger,

Elle envoyoit un chien dans le verger
Où ſur le ſoir l'amant alloit ſe rendre ;
Le chien partoit, &, ſans ſe faire attendre,
Notre amoureux entroit dans le château,
Où ſeule alors, avec ſon damoiſeau,
Vergy paſſoit des heures fortunées :
Cruel Amour ! barbares deſtinées !
Pourquoi troubler leur joie & leur bonheur ?
Sire Agolane étoit plein de valeur ;
Le Duc l'aimoit, le conſultoit ſans ceſſe :
Il fut plus cher encore à la Ducheſſe,
Qui ne vit point ſes graces, ſa beauté,
Sans perdre enfin pour lui ſa liberté.
Il auroit vu les tourmens de ſon ame,
Si pour Vergy ſon amoureuſe flamme
N'avoit en tout abſorbé notre amant.
Il fallut donc parler plus clairement.
Elle parla ; s'étonna que le ſire,
Etant ſi beau, ne voulût point élire
Une maîtreſſe entre tous les objets
Dont cette cour préſentoit les attraits,

Et l'assura qu'étant si plein de charmes,
Il trouveroit qui lui rendroit les armes.
L'autre lui dit qu'il craindroit un refus.
Ah! bannissez des soucis superflus,
Dit la Duchesse, au modeste Agolane;
Votre beauté, tout votre air vous condamne;
Faites un choix : croyez-moi cependant,
Elevez-vous jusqu'au premier rang,
Si l'on veut bien sur-tout vous faire entendre
Que jusqu'à vous on consent de descendre.
C'étoit parler bien clairement, je crois.
Je suis peu fait pour le bonheur des Rois,
Dit Agolane, à la Dame attentive
A voir l'effet d'une attaque aussi vive;
Et croyant voir que jusques à ce jour
Il ignoroit les plaisirs de l'amour,
Elle poursuit, & lui dit : Mais, beau sire,
Que diriez-vous, si je daignois vous dire
Que, vous voyant sans peine à mes genoux,
Je ne prendrois, pour Chevalier, que vous?
Il lui répond : Je l'ignorois, Madame.

Tant de bonté comble d'aise mon ame ;
A Monseigneur, à vous, Madame, aussi
De vos bontés vous dis bien grand merci :
Si Dieu veut bien cette grace me faire,
Toute ma vie on me verra complaire
A vous, Madame, ainsi qu'à Monseigneur,
A qui je dois le respect & l'honneur.
Eh ! qui vous dit, répond-elle en furie,
De lui manquer de respect, je vous prie ?
Et lui portant un regard furieux,
Accompagné de traits injurieux,
Elle s'en va méditer sa vengeance.

La nuit survient. Se couchant en silence
Auprès du Duc, soupirant, sanglotant,
Elle lui dit, quand son époux pourtant,
De ses soucis lui demande la cause ;
Elle lui dit, ayant fait une pause :
Les Souverains sont à plaindre, Seigneur.
On ne sait point, au sein de la grandeur,
A qui l'on doit donner sa confiance.
L'homme souvent, que leur magnificence

Comble de biens, lâchement les trahit.
Le Duc demande où ce discours conduit :
Je crois, dit-il encore à la Duchesse,
Qu'entre tous ceux qui m'entourent sans cesse,
Il n'est aucun qui me veuille trahir ;
Et s'il en est, je saurai le punir.
Punissez donc, lui dit alors la Dame,
Ah ! punissez Agolane, un infâme
Que vous comblez, qui veut mon déshonneur,
Et veut souiller le lit de son Seigneur.
Je m'étonnois qu'il n'eût point une mie.
Le Duc, séduit par cette perfidie,
Fut tourmenté la nuit cruellement ;
Car dans son cœur il aimoit tendrement
Cet Agolane, à ses yeux effroyable.
Le lendemain il mande le coupable ;
Il lui reproche un forfait odieux,
Lui dit enfin : Fuyez loin de ces lieux,
Si vous voulez éviter le supplice.
A ce discours, cet étonnant caprice,
Le Chevalier est dans l'accablement ;

Bien plus encor reſſent-il de tourment,
Penſant, hélas! qu'il alloit, pour la vie,
Se ſéparer de ſa charmante mie.
Il dit au Duc : Doux ſire, écoutez-moi :
Vous connoiſſez ſon reſpect & ſa foi,
Et pouvez bien condamner, ſans l'entendre,
Un Chevalier qu'un méchant ſeul put rendre,
Pour le noircir aux yeux de ſon Seigneur,
Si criminel par ce diſcours trompeur.
Le Duc répond : La Ducheſſe elle-même
M'a dit, méchant, votre fureur extrême :
Oſerez-vous l'accuſer devant moi?
Saiſi d'horreur, & pénétré d'effroi,
Le Chevalier au Souverain dit : Sire,
Elle m'accuſe, & je n'ai rien à dire ;
Je dois me taire alors qu'elle ſe plaint :
De ce ſoupçon votre eſprit eſt atteint ;
Je ne ſaurois montrer mon innocence.

Le ton hardi, la modeſte aſſurance
Dont ce diſcours eſt par lui prononcé,

Rendent le Duc pensif, embarrassé.
J'ai dit déja qu'il l'aimoit dans son ame.
Tout lui parloit pour lui contre sa femme :
Pourtant un point tourmentoit son esprit ;
C'est le discours que sa femme, la nuit,
Lui fit entendre, en accusant le sire :
Nulle beauté ne l'a sous son empire ;
Il n'aime point, vous le savez, Seigneur.
Ce dernier trait a fait au fond du cœur
Du pauvre Prince, impression profonde.
Il veut enfin qu'Agolane réponde
Sur cet objet qui va fixer son sort.
Choisissez donc, Agolane, ou la mort,
Lui dit le Duc, ou bien la confidence
De vos amours, avec cette assurance
Que ce secret toujours sera caché.
Mais vous voyant, Agolane, attaché
A me céler le nom de votre mie,
Je suis certain de votre perfidie.
A ce discours le Chevalier pâlit.
Le Duc l'observe ; il le voit interdit ;

Il croit alors le diſcours de ſa femme.
Ce n'étoit point ce qui tourmentoit l'ame
Du Chevalier, dans ce fâcheux moment.
Mais comment donc ſe déclarer l'amant,
L'amant heureux de Vergy, de ſa niece ?
Comment trahir cette belle Princeſſe ?
Tous ſes ſermens, manquer à ſon amour ?
S'il ne l'avoue, il la quitte en ce jour ;
S'il le déclare, il la perd elle-même.
De quelque part qu'en ſa douleur extrême
Le Chevalier tourne ſes yeux en pleurs,
Il voit par-tout l'abîme des malheurs.
Le Souverain croit lire dans ſon ame,
Croit entrevoir une nouvelle flamme.
Au Chevalier dans le fort des ſanglots,
Voyant ces pleurs qui couloient à grands flots,
Le Prince dit : O mon cher Agolane !
Voulez-vous donc qu'un ami vous condamne ?
Ah ! voulez-vous me donner la douleur
De vous haïr, vous, ſi cher à mon cœur ?
Le vôtre, ami, recéle ſa tendreſſe :

Que

Que craignez-vous ? Vous avez ma promesse.
Le juste Ciel me punisse au moment
Que je pourrai désigner seulement
Celle qu'aimez, si n'aimez pas ma femme.
Tant de bontés pénétroient jusqu'à l'ame
Du Chevalier, pourtant irrésolu,
Par son amour, par l'honneur combattu.
D'autre côté, le Duc pressoit le sire :
Le sire enfin s'apprêtoit à tout dire ;
Ouvroit la bouche, & d'abord la fermoit.
Le Souverain le pressoit, l'animoit,
Le conjurant par toute sa tendresse ;
Renouvelloit mille fois sa promesse.
Enfin, enfin, après bien des hélas,
Bien des efforts & de nouveaux combats,
Le Chevalier dit le nom de sa mie.
Oh ! c'est ici nouvelle félonie,
Lui dit le Duc, en entendant ce nom.
Possible est-il que ce jeune tendron,
Dans le palais constamment renfermée,
D'homme vivant soit donc la bien-aimée ?

Vous me mentez, lui dit le Souverain.
Notre amoureux lui dit du petit chien,
Et du verger, & de tout le grimoire,
De point en point, & jusqu'au bout l'histoire.
Je veux le voir, dit le Duc, autrement
Je vous crois fourbe; & Chevalier qui ment
Est dégradé, pour avoir *foi mentie*.
Lors Agolane : Eh bien ! sa Seigneurie
Sera conduite à ce même verger,
Et ce soir même, à l'heure du berger.
Le soir arrive, il y mene le sire,
Sans bruit sur-tout a soin de le conduire,
Le tient caché; bientôt le petit chien
Sort du palais, en grand hâte, soudain
A l'amoureux va faire une caresse.
L'autre le flatte; il court à sa maîtresse.
Le Duc feignant de croire à son aveu,
Au Chevalier, avant, a dit adieu;
Mais il s'en va derriere une fenêtre.
Par quelque endroit il voit Vergy paroître,
Ouvrant les bras à son heureux amant.

Le Duc a peine à se croire, en voyant
Sa chere niece à ce point oubliée.
Quoi ! c'est Vergy ! c'est cette réservée
Que l'on prendroit, dit-il, sous le chapeau !
Ce fut bien pis, lorsqu'au beau damoiseau
Il entendit sa chere niece dire
Tout ce que peint l'amour dans son délire,
Tout ce qu'on dit, ce que je ne dis pas.
Quand le galant embrassa ses appas,
Quand on s'assit, quand on fit la causette,
Quand on s'en fut dans certaine cachette,
Quand le bon Duc ne vit plus ces amans,
Il fallut bien croire à tant de sermens;
Aussi crut-il Agolane en son ame,
Et point du tout le discours de sa femme.

Le lendemain, à table à son côté,
Le Chevalier, par son maître est traité
Avec des soins qui blessent la Duchesse.
Elle se leve, ainsi qu'une tigresse,
Et furieuse, elle va sur son lit.

Le Duc ne ſait d'abord d'où vient ce bruit;
Il court après, & lui dit : Ah ! Madame,
A quels excès s'abandonne votre ame ?
Qu'avez-vous donc, pour ainſi vous enfuir ?
Elle répond : Ah ! je devrois mourir,
En vous voyant accabler de careſſes,
De ſoins, d'égards, de toutes vos tendreſſes,
Un malheureux que vous, & moi, Seigneur,
Devons haïr, & de tout notre cœur.
Le Duc lui dit : Maintenant de ſa flamme
Je ſais l'objet, & finiſſez, Madame,
De m'en vouloir mal parler aujourd'hui;
Vous ne pourrez m'animer contre lui :
Je ne ſaurois en dire davantage.
Il ſort, laiſſant ſa femme dans la rage.
Il aime donc, & le nom de l'objet,
Dit la Ducheſſe, eſt pour nous un ſecret.
Nous le ſaurons, pour venger notre flamme.
La nuit ſurvient. Le Duc près de ſa femme
Se va placer; mais la Dame ſoudain,
Comme le Duc la prenoit par la main,

La lui refuſe, & même ſe retire.
Le Duc s'en fut tendrement lui redire
Propos d'amour, quand la Dame en fureur
Lui répondit : Que vous êtes trompeur !
Vous me parlez aujourd'hui de tendreſſe,
Mais à jamais, dans votre ame traîtreſſe,
Elle ne fut un ſeul moment pour moi.
J'ai cru long tems poſſéder votre foi;
Ah ! pour toujours je ſuis déſabuſée.
Ainſi parloit cette femme ruſée.
Le Duc lui dit : D'où vous vient cette humeur ?
Elle répond : pouvez-vous donc, Seigneur,
Croire un méchant qui vous trompe ſans ceſſe ?
Je ne veux point, dit encor la Ducheſſe,
Dans vos ſecrets pénétrer malgré vous ;
S'il vous agrée, ô trop injuſte époux !
De me cacher ce qu'a dit cet infâme ;
Vous ſavez bien, cependant, ſi mon ame
Vous a célé le moindre événement.
Ai-je failli d'aller même au-devant
D'une demande, ou d'un deſir, beau ſire ?

Vous, au contraire, êtes venu me dire :
Je sais l'objet d'Agolane adoré ;
De vous toujours il doit être ignoré.

Disant ces mots, elle se fond en larmes.
Le Souverain, dans de tendres alarmes,
Tant la perfide offroit de vérité,
Lui dit : De vous, si j'étois détesté,
Je ne pourrois vivre un moment, Madame ;
Mais, vous disant le secret de mon ame,
Je suis perfide, & suis d'honneur perdu.
Ah ! qu'il me soit à jamais inconnu,
Dit la Duchesse, à son époux timide ;
Mais cherchez donc, pour me tromper, perfide,
D'autres moyens que je puisse adopter.
Combien de fois, sans vous le répéter,
M'avez-vous dit, dans votre confiance,
D'autres secrets de plus haute importance ?
Ai-je fait naître en vous le repentir ?
Suis-je capable enfin de vous trahir ?
Mais vous changez, n'aimez plus votre femme.

Alors les pleurs que répandoit la Dame
Vinrent ſoudain l'empêcher de parler.
Le Duc s'empreſſe, il veut la conſoler;
Elle devient plus furieuſe encore.
Ah! lui dit-il, épouſe que j'adore,
Je ne ſaurois ſoutenir votre humeur.
Vous allez voir ce que peut ſur mon cœur
Votre beauté, comme ma vive flamme.
Mais gardez-vous de me trahir, Madame;
Sur mon honneur, il y va de vos jours.
Promettez-moi de vous taire toujours;
Car vous mourrez, ſi rompez le ſilence.
Oui, je le jure avec toute aſſurance,
Dit la Ducheſſe, & je vois bien, Seigneur,
Que vous croyez que j'ai plus de frayeur
Pour le trépas encor, que pour déplaire
A mon époux, révélant ce myſtere.
Par ce diſcours elle ſait abuſer
Le Souverain, qu'on ne peut excuſer,
Par tant d'amour, d'auſſi grande foibleſſe.
Il conte donc à la fine Ducheſſe,

Ce que la veille Agolane lui dit :
De point en point il lui fait le récit
Du rendez-vous, du petit chien encore,
Et de l'ardeur sur-tout qui les dévore,
Ces amoureux qu'il a vu s'embrasser,
Et tendrement aussi se caresser ;
Il lui découvre enfin tout le mystere.
A chaque trait, frémissant de colere,
Dissimulant cependant sa fureur,
Elle sut bien commander à son cœur ;
Renouvella plusieurs fois sa promesse :
Mais dans son cœur la cruelle Duchesse
Cherchoit déja par quels moyens heureux
Elle pourroit punir ces amoureux ;
Elle jura de mourir à la peine,
Ou d'accabler la belle Châtelaine :
Aussi, depuis ce funeste moment,
Elle fut toute à son ressentiment.

Le Duc annonce une Cour pléniere.
On y voyoit arriver d'ordinaire

Les Chevaliers, les beautés d'alentour.
Vergy se rend elle-même à la Cour.
A son aspect, la Duchesse, de rage,
Frémit, pâlit; cependant, assez sage
Pour déguiser sa haine & son courroux,
Avec sa niece elle prit un air doux;
Plus que jamais flatta la Châtelaine.
On a dîné: les Dames, & leur Reine,
Pour s'apprêter au bal incessamment,
Passent ensemble à son appartement.
Dames, allons, fit alors la Duchesse,
Qu'ici tout rie, & soit dans l'alégresse.
Belle, pour vous je ne dis pas ceci,
Fit-elle encor, s'adressant à Vergy;
Votre galant prendra bien cette peine.
Je ne sais pas, lui dit la Châtelaine,
De quel galant vous me voulez parler;
Je n'en ai point que je veuille céler.
Je le crois bien, lui répond la Duchesse;
Avec votre art, avec autant d'adresse,
Et quand on sait former un petit chien,

On ne dira que ce qu'on voudra bien.
Figurez-vous la honte de la belle,
Et sa douleur, lorsque cette cruelle
Ainsi tira sur elle à bout portant;
Nulle à la Cour ne l'entendit pourtant:
Il eût fallu savoir toute la chance.
Dans le sallon on commence la danse.
Mais pour Vergy, suffoquant de douleur,
A ce discours qui lui perce le cœur,
Dans un réduit & sombre & solitaire
Elle s'en va. Là, sur une bergere
Qui par hasard se trouve dans ce lieu,
Elle se jette, elle s'écrie: O Dieu!
Auroit-il dit ce secret à ma tante,
S'il n'eût aimé cette femme méchante?
Ce doux ami, qui me trahit pourtant,
Et qui révele un secret important?
Il a donc dit que je suis sa maîtresse?
La suis-je, hélas! s'il aime la Duchesse?
Il me trompoit, en me parlant d'amour.
Vous le savez, mon Dieu, jusqu'à ce jour

Si je l'aimai cet ami qui m'accable.
Qu'ai-je donc fait ? En quoi ſuis-je coupable,
Pour outrager ainſi mon tendre cœur,
O doux ami ! par autant de rigueur ?
Avant d'aimer, en aimant, ta maîtreſſe
Ne t'a rien dit, je le crois, qui te bleſſe.
Dieu m'eût offert ſon Paradis, je crois,
J'eûs préféré ta tendreſſe cent fois,
S'il eût fallu renoncer à ma flamme.
Tu fus le bien, le plaiſir de mon ame :
En ton abſence, elle penſoit toujours
A nos plaiſirs, à nos tendres amours.
Avec ton cœur, du monde j'étois Reine.
Aurois-je cru que l'auteur de ma peine
Me trahiroit auſſi cruellement ?
Quand, dans ſes bras me ſerrant tendrement,
Il m'appelloit ſa Dame, ſa Maîtreſſe,
D'un ton ſi doux, avec tant de tendreſſe,
Que je mourois ſeulement à l'ouir ;
L'aurois-je cru ſi prêt à me trahir ?
Je le croyois mon amant pour la vie ;

Comme toujours j'aurois été sa mie ;
Et si sa fin eût précédé ma mort,
J'eûs préféré de m'unir à son sort,
D'être enterrée auprès de ce que j'aime,
Aux plus longs jours écoulés sans lui-même.
Ah ! mourons donc, puisqu'il ne m'aime pas.
Voyant l'amour qui cause mon trépas ;
Que Dieu pardonne une amante trahie.
Pour tant d'horreurs, pour cette perfidie,
Que Dieu le comble encor de ses bienfaits !
Je vois la mort approcher sans regrets,
Lorsque je vois que sa main me la donne ;
Je la prends d'elle, & je la lui pardonne,
Me rappellant des momens plus heureux.
Après ces mots, elle ferme les yeux,
Se tait, & perd la chaleur & la force.
Se relevant pourtant, elle s'efforce,
Hélas ! d'étendre encor vers lui les bras :
Elle retombe, & sur ce lit, hélas !
Vient expirer de douleur consumée.

UNE Suivante, en ce lieu renfermée,
Et qu'en entrant Vergy n'apperçut point,
Entendit tout, vit tout de point en point.
Il ignoroit, cet amant si coupable,
La triste mort d'une amante adorable;
Il l'ignoroit, se prêtoit au plaisir,
Non pas par goût; mais bien pour obéir
Aux volontés de toute l'assemblée.
Il ne voit point pourtant sa bien-aimée;
Ses yeux, son cœur la cherchent, mais en vain;
Il la demande au Duc, qui, par la main,
Vers le réduit au même instant le mene.
Agolane entre, & de la Châtelaine
Il voit le corps sans mouvement, hélas!
Il la releve, il la tient dans ses bras;
Elle est glacée, & sans vie à sa vue.
Cette Suivante, à l'instant apperçue,
Lui répéta tout ce qu'elle entendit.
Trop éclairé par ce qu'elle lui dit,
Le Chevalier s'écria: Belle amie!
Pour tant d'amour je vous ai donc trahie!

Et vous voulez, pour réparer mon tort,
Et par amour, ſubir ſeule la mort !
De mon forfait, ah ! vous ſerez vengée.
Le triſte amant alors prend une épée
Qu'il apperçoit ſuſpendue en ces lieux,
Et dans ſon cœur l'enfonce en furieux,
Tombant aux pieds de ſa fidelle amante.

DANS la douleur & l'effroi, la Suivante
Và faire au Duc un horrible récit.
Il court, arrive, & demeure interdit
A cet aſpect affreux, épouvantable.
Il prend ce fer qu'un amour déplorable
A tout-à-l'heure enfoncé dans ce cœur;
Vers la Ducheſſe il arrive en fureur.
Je te promis, lui dit-il, hypocrite,
Que dans l'inſtant où ta langue maudite
Révéleroit mon ſecret, tu mourrois;
Meurs, lui dit-il, expiant tes forfaits !
Et dans ſon cœur il enfonce l'épée.
Un cri perçant s'entend dans l'aſſemblée;

On eſt frappé, l'on court au Souverain,
Qui tient encor le glaive dans la main,
Et qui raconte à tous l'horrible hiſtoire.
On ſe récrie, on a peine à la croire;
Enfin, on voit porter les corps ſanglans;
On n'entend plus que cris, gémiſſemens;
Toute la Cour à leur ſuite s'aſſemble.
En même tombe on met ces corps enſemble,
En leur rendant tous les honneurs des Rois.
Le Duc ne peut réſiſter à-la-fois
A tant de maux dont ſon ame eſt atteinte;
Il prend la Croix, part pour la Terre-Sainte,
Et Templier ſe rend le Souverain.
Il ne jouit jamais d'un jour ſerein:
Il s'accuſoit toujours de ſa foibleſſe,
Qui fit périr ſon cher ami, ſa niece;
Et ne pouvoit, le pauvre Templier,
Tant de malheurs un inſtant oublier.

QUE faut-il dire, apprenant cette hiſtoire?
Premierement, vous, Belles, il faut croire

Que tôt ou tard les ſecrets amoureux,
Par quelque endroit ſe dévoilent aux yeux.
N'en ayez point, ou moquez vous de l'ordre,
Quand la critique, enfin, viendra vous mordre;
N'imitez point la trop foible Vergy,
Qui put périr, parce que ſon ami
Craignit la mort plus qu'il n'aima ſa Belle.
A ſon ſecret il ſe devoit fidelle.
Le Duc auſſi ne l'eût point fait périr,
Tant ſeulement il l'auroit fait partir,
L'eût rappellé, connoiſſant mieux l'affaire.
Le Chevalier ne devoit jamais faire
De tels aveux, après de tels ſermens;
Bien moins le Duc, avec les ſentimens
Qu'il devoit bien ſoupçonner à la Dame.
Et vous, maris, entendant une femme
Venir vous dire, avec un ton cafard,
Comme autrefois celle de Putiphar,
Ou bien auſſi la femme de Théſée,
Ou même encor celle-ci, ſi ruſée:
Un tel, d'amour s'en vient m'entretenir;

Croyez d'abord qu'elle peut en tenir
Pour l'accuſé, qui ne ſent rien pour elle:
Elle a dépit de voir, cette cruelle,
Que ſes appas ſoient ainſi mépriſés.
Vous tous, enfin, ſoyez mieux aviſés.

ROSEMONDE,

HISTOIRE

EXTRAITE DE PAUL DIACRE.

CROIRIEZ-VOUS bien que je plains Rosemonde,
Dont les forfaits étonnerent le monde,
Dont le trépas fut aussi mérité ?
Mais Rosemonde étoit une beauté
Comme on nous peint les Nymphes ou les Anges.
Les Belles sont des sorcieres étranges !
Elles font même excuser leurs fureurs ;
Et se livrant à toutes les noirceurs,
Lorsque le Ciel punit leur perfidie,
On a regret qu'une autre, peu jolie,
N'ait pas subi leur destin malheureux.
Prenez-vous-en à vos cœurs vicieux,
Si dans vos cœurs, pour la scélératesse,
La triste fin d'une belle Princesse,

Vous ressentez de la compassion,
Et m'honorez de votre attention.

ROME voyoit une foule de Princes
De toute part lui ravir ses provinces.
De Constantin la folle vanité,
Qui l'avoit fait quitter cette cité,
Pour de son nom faire appeller Bysance,
De jour en jour ôtoit à sa puissance.
A l'Occident l'Empire avoit pris fin;
L'Anglo-Saxon, le Vandale, l'Allain,
Et le Lombard, sorti de Pannonie,
Et le François, venu de Germanie,
Et l'Ostrogoth, & tant d'autres encor
De divers lieux, prenant tous leur essor,
A l'entamer ne trouvoient point de peine.
Longin étoit Exarque de Ravenne.
Alboin régnoit alors sur les Lombards,
Et Gunimond, jadis sous les Césars,
En Souverain gouvernoit les Gépides.
Ces deux derniers, valeureux, intrépides,
Avoient toujours quelque querelle entre eux.

Mais, quoique Alboin fût un monſtre odieux,
Comme verrez, ſi vous daignez me lire,
Il ne vouloit la guerre, il faut le dire,
Que Gunimond cherchoit de ſon côté.
Après avoir bien long-tems conteſté,
On entre en guerre, & Gunimond ſuccombe.
Avec ſon Roi l'Etat à jamais tombe:
Le Roi périt du fer même d'Alboin,
Qui prend ſon peuple, & le conduit au loin
De ſes foyers, captif en Lombardie.
Chemin faiſant, il a l'ame ravie
Par des attraits qui fixent ſes regards.
Or vous ſaurez que ce Roi des Lombards,
Par un excès de barbarie atroce,
Bien digne, hélas! d'un ſiecle auſſi féroce,
En tels excès par malheur trop fécond,
Avoit coupé la tête à Gunimond,
Et de ſon crâne avoit fait une coupe.
Vous croyez bien qu'au milieu de la troupe,
Cette beauté que lorgnoit le vainqueur,
N'étoit pas prête à lui donner ſon cœur;

Car elle étoit fille du Roi Gépide.
Elle ne voit dans ce dur homicide,
Que le bourreau de toute sa maison,
Et de son pere, & de sa nation;
Elle le voit user de la victoire
En loup cruel, qui prend plaisir à boire
Le sang humain par sa dent répandu.
Cette beauté, fille du Roi vaincu,
Etoit enfin la belle Rosemonde.
Madame Alboin, quand elle étoit au monde,
Eut pour ayeul le Sicambre Clovis;
Mais elle étoit alors en Paradis:
Alboin prît donc Rosemonde pour femme.
Je croirois bien que cette jeune Dame,
Pour tel époux, n'eut pas beaucoup d'amour;
Mais elle agit jusques à certain jour,
Où trop fut-elle outragée à Vérone,
A son égard, en discrette personne.
En cette ville, un jour Alboin voulut,
Dans un repas, que Rosemonde bût
En cette coupe, elle-même à la ronde.

Messire Paul m'apprend que Rosemonde
Fut suffoquée à l'instant par ses pleurs,
Indifférens au plus dur des vainqueurs,
La gourmandant, & la forçant à boire.
L'un s'applaudit de sa triste victoire,
Et l'autre pense à punir ce forfait.

D'Alboin, Helmige étoit frere de lait;
De plus, Helmige étoit son héraut d'armes.
La Reine croit que d'abord, à ses larmes,
A ses attraits, à l'espoir d'être Roi,
Helmigius engagera sa foi,
Qu'il va détruire un monstre détestable.
Elle en implore un appui favorable.
L'autre lui dit : Reine, Alboin est trop fort;
Je ne pourrai soutenir son effort :
De Pérédés la ressource est plus sûre;
Adressez-vous à lui, je vous conjure;
Il est bien fait pour un tel coup de main.
La Reine y va, mais elle n'obtient rien.
Helmige alors lui dit : Reine adorable,

Mons Pérédés trouve fort agréable
D'aller, la nuit, trouver une beauté
Que pour ſuivante a votre Majeſté.
De cette fille il faut prendre la place.
Mons Pérédés aura bien de l'audace
S'il ne conſent, en voyant le danger,
A vous complaire, enfin, à vous venger.

Du conſeiller la ruſe eſt approuvée.
Le Pérédés voit la nuit arrivée;
Il court au lit de la jeune beauté,
Où l'attendoit la jeune Majeſté;
Se couche auprès, &, pour venger ſon pere,
Pour ſe venger, il n'eſt pas néceſſaire
De raconter qu'elle s'y prit ſi bien,
Que Pérédés ne ſe douta de rien.
Quand il fut tems, elle dit, à voix baſſe:
Pérédés croit, ſans doute, qu'il embraſſe
Une ſuivante étendue en ce lit.
Je ſuis la Reine. A ce nom, interdit,
Pérédés tremble, il veut prendre la fuite.

L'autre l'arrête, & lui dit : Ton mérite
Me fit sur toi fonder tout mon espoir,
Que ton refus est venu décevoir.
Il faut tuer Alboin, ou qu'il te tue.
Dès ce moment sa mort est résolue.
Je ne sais point si la Reine en son lit
S'en fut dormir le reste de la nuit ;
Il le falloit après cette promesse.
A Pérédés renvoyant sa maîtresse,
Elle devoit se retirer soudain.
Ce qu'elle fit, maître Paul n'en dit rien.
Ce Paul étoit ennemi de la Reine ;
Il l'appelloit une hydre, une hyene,
Pire qu'un loup, qu'un tigre, qu'un lion ;
Mais il devoit au moins, sans passion,
Si Rosemonde, en sa chambre rentrée,
Avoit passé la nuit sans Pérédée (*a*) ;
Ne pas céler cet article important.

(*a*) Les Historiens François appellent *Pérédés* & *Pérédée*, celui que Paul Diacre nomme en latin *Peredeus*.

De maître Paul je ne ſuis pas content.
Il a laiſſé le vrai dans la nuit noire.
Il nous apprend, pourſuivant ſon hiſtoire,
Que chez Alboin, dormant, après midi,
La Reine un jour entra d'un pas hardi,
Dans le fourreau fit tenir ſon épée;
Fut avertir Helmige & Pérédée,
Dans un ſallon, attendant tous les deux
Que Roſemonde ait reconnu les lieux.
Tout repoſoit dans la chaleur extrême.
Les aſſaſſins, entrant à l'inſtant même,
Frappent Alboin, qui s'éveille ſoudain,
Voit le danger, veut s'armer; mais ſa main
Jamais ne peut enlever ſon épée:
A ſon défaut, d'Helmige & Pérédée
Il ſe défend avec un marche-pié;
Mais à la fin, & mort plus qu'à moitié,
Sous les poignards de ce couple perfide,
Il tombe aux pieds de l'Infante Gépide,
Coupable auteur de cet aſſaſſinat.

HELMIGE alors croit gouverner l'Etat ;
Mais les Lombards demandent son supplice.
On veut punir avec lui son complice,
Et Rosemonde, avec ces deux brigands.
Je ne sais pas comment, avant ces tems,
Elle connut l'Exarque de Ravenne ;
Mais Paul nous dit que la coupable Reine
Intéressa ce Gouverneur Romain,
Qui fit partir un navire soudain.
Pendant la nuit Helmige & Rosemonde,
Et Pérédés, s'embarquerent sur l'onde.
On arriva. Longin vit deux beaux yeux
Faits pour ravir les Anges dans les Cieux.
De Rosemonde il adora les charmes.
Etant déja femme du héraut d'armes,
Elle ne peut se donner à Longin,
Qui, pour l'avoir, prend le plus court chemin.
Il lui dit donc : Être Exarque à Ravenne,
C'est être Roi ; vous devez être Reine :
Vous la serez, épousant Longinus ;
Empoisonnez le sieur Helmigius,

Digne très-peu d'occuper votre couche.
C'eſt bien aſſez que votre belle bouche
Ait honoré d'un ordre ce ſujet.
La Reine adopte un horrible projet,
Va s'apprêter à cette œuvre auſſi noire.
Helmige, au bain, un jour demande à boire;
Elle lui porte un dangereux poiſon :
Il n'a pas pris le tiers de la boiſſon,
Qu'il s'apperçoit de ce qu'elle recéle.
S'armant du fer, il lui dit : Infidelle !
Bois ce qui reſte, ou meurs par ce poignard.
Elle prit donc cette funeſte part ;
Et l'aſſaſſin d'Alboin, & Roſemonde,
Auſſi coupable, en ſortant de ce monde,
Laiſſerent ſeuls le traître Pérédés ;
Mais par le ciel puni bientôt après. (*a*)

(*a*) Tibere ſecond, qui venoit d'être aſſocié à l'Empire, l'ayant vu mettre à mort un lion à Conſtantinople, où il s'étoit retiré, & craignant qu'un homme auſſi fort ne conſpirât contre lui, lui fit crever les yeux.

Par ce récit, apprenez, ô vous filles,
Qu'il ne faut point, quand vous êtes gentilles,
Pour vous venger, ou pour faire la loi,
De vos appas faire un honteux emploi!
De Rosemonde étudiez la vie.
Que lui servit même d'être jolie?
Sa beauté fit le malheur de ses jours:
Charmant par-tout, elle employa toujours
Ses doux appas à l'injustice, au crime.
Au lieu de voir, en ame magnanime,
Le trait d'un fou qu'il ne falloit que fuir,
Elle s'expose à tout pour le punir;
S'en va la nuit, comme une abandonnée,
Au lit d'un autre attendre Pérédée,
Qui lui pouvoit d'abord donner son fait,
Et rapporter au mari le projet.
Elle l'acheve, & veuve d'un Monarque,
Femme d'un Page, elle écoute un Exarque
Qui lui propose un forfait inoui,
Auquel d'abord Rosemonde dit: oui.
Je la croirois pour l'homme assez portée.

Avant

Avant la nuit que donna l'effrontée
A Pérédés, pour aller à ses fins,
Je crois assez que d'autres galantins
Avoient déja précédé le Monarque;
Je croirois bien qu'elle fut à l'Exarque:
Je crois aussi que maître Pérédés,
Avec eux deux partageoit ses attraits;
Qu'Helmigius n'en avoit que les restes.
Filles, craignez ses destins si funestes;
Et pour le bien qu'à toutes je vous veux,
Fuyez l'amour, fuyez les amoureux.

FIN.

FAUTE A CORRIGER.

Page 64, vers 4; après Châtelain, mettez une virgule, au lieu du point.

www.ingramcontent.com/pod-product-compliance
Ingram Content Group UK Ltd.
Pitfield, Milton Keynes, MK11 3LW, UK
UKHW021057260726
13994UKWH00002B/551